DOMINIQUE LORMIER

LES GRANDES AFFAIRES D'ESPIONNAGE EN FRANCE DE 1958 À NOS JOURS

DOMINIQUE LORMIER

Dominique Lormier, historien et écrivain, est un spécialiste reconnu de la période contemporaine, dont la Seconde Guerre mondiale, l'armée française et la Résistance. Membre de l'Institut Jean Moulin, chevalier de la Légion d'honneur, il est l'auteur de plus d'une centaine d'ouvrages (biographies, documents historiques, spiritualité, littérature).

Les grandes affaires d'espionnage en France de 1958 à nos jours

Publié par Le Retour aux Sources
www.leretourauxsources.com

© Le Retour aux Sources – Dominique Lormier – 2020

INTRODUCTION 13

1 15

L'AFFAIRE ALGÉRIENNE : SERVICES SECRETS, BARBOUZES, OAS ET FLN 15

2 52

L'AFFAIRE BEN BARKA 52

3 64

JACQUES FOCCART ET LES AFFAIRES AFRICAINES 64

4 85

L'AFFAIRE BOB DENARD LE MERCENAIRE DU SDECE 85

5 101

L'AFFAIRE CACHÉE DE LA BOMBE ATOMIQUE FRANÇAISE.............101

6 111

LES AFFAIRES D'ESPIONNAGE DE LA GUERRE FROIDE EN EUROPE ...111

7 128

L'AFFAIRE CARLOS 128

8 135

LES AFFAIRES LIBANAISES 135

9 147

L'AFFAIRE DU RAINBOW WARRIOR 147

10 157

LES AFFAIRES LIBYENNES 157

11 176

LES AFFAIRES YOUGOSLAVES 176

12 188

LES AFFAIRES DU TERRORISME ISLAMISTE.........................188

13 207

LE RETOUR DES ESPIONS RUSSES : POUTINE ET SES AFFAIRES 207

CONCLUSION **218**

SOURCES PRINCIPALES **220**
  Archives et documents confidentiels consultés : *220*
  Entretiens avec les personnes suivantes : *220*
  Principaux ouvrages et revues consultés : *222*
SIGLES, ABREVIATIONS ET EXPLICATIONS **224**
OUVRAGES DU MÊME AUTEUR **227**
Le Retour aux Sources éditeur **237**

À mon père, Alain Lormier, ingénieur au Commissariat à l'énergie atomique (CEA), secteur militaire.

Et à mon oncle, Guy Benoit, ingénieur aéronautique sur les avions de renseignement Awacs.

« Les services secrets français ont joué un rôle déterminant dans l'écroulement de l'Empire soviétique. »

Ronald Reagan

« Toute ma vie, je me suis fait une certaine idée de la France (...).

Bref, à mon sens, la France ne peut être la France sans la grandeur. »

Charles de Gaulle

INTRODUCTION

Avec un père (Alain Lormier) ingénieur au Commissariat à l'énergie atomique (CEA) dans le secteur militaire, mon enfance et mon adolescence furent marqués par le secret défense entourant sa profession, durant la longue période de la Guerre froide. En lien avec les services spéciaux français, il parlait peu de sa profession. Nous vivions dans une résidence, près de Bordeaux, regroupant toutes les familles dont le mari était ingénieur au CEA, sous la surveillance de gardiens. Certains de ces ingénieurs étaient « d'aimables correspondants » du SDECE, de la DGSE, de la DST ou d'autres services liés à l'espionnage ou au contre-espionnage. Pour couronner le tout, un de mes oncles (Guy Benoit) était ingénieur aéronautique sur les avions de renseignement Awacs de l'armée de l'air française. Son activité professionnelle était également marqué par le sceau du secret militaire. Son oncle, à savoir mon grand-oncle, était un héros des forces aériennes françaises libres de la Seconde Guerre mondiale, le commandant Prosper Dorison (chevalier de la Légion d'honneur, médaille militaire, croix de guerre 39-45 etc...). Un proche de ma famille occupe un haut poste dans la Police nationale dans la lutte contre le terrorisme.

Par la suite, devenu membre de l'Institut Jean Moulin, du fait de la publication de mes nombreux livres sur la Résistance, je côtoyais d'anciens résistants du BCRA (services secrets de la France libre), devenus par la suite des agents du SDECE, de la DGSE et de la DST. J'ai eu l'occasion d'en interroger un grand nombre, de même que de rencontrer des espions français n'ayant pas participé à la Seconde Guerre mondiale, mais aux conflits suivants.

Cet ouvrage est le fruit de nombreuses années de recherches et de rencontres : consultations d'archives et de documents souvent confidentiels et inédits, entretiens avec des personnages hors du commun (espions, contre-espions, militaires, policiers, gendarmes, mercenaires...).

La Cinquième République marque l'histoire de l'espionnage français par de nombreuses affaires extraordinaires, où transparaît la volonté gaullienne de maintenir la France au rang de grande puissance mondiale. On découvre ainsi l'importance considérable des services secrets français dans la lutte contre les ennemis de tous bords de 1958 à nos jours.

1

L'AFFAIRE ALGÉRIENNE : SERVICES SECRETS, BARBOUZES, OAS ET FLN

La crise politique de mai 1958, marquée par l'instabilité gouvernementale et la poursuite de la guerre d'Algérie, conduit à l'arrivée au pouvoir du général Charles de Gaulle. Nommé président du Conseil le 1er juin 1958, il obtient du Parlement, deux jours plus tard, l'autorisation de procéder à la rédaction d'une nouvelle Constitution. Tandis que celle de 1946, marquant la naissance de la Quatrième République, a été préparée par une Assemblée constituante élue à cet effet, la Constitution de 1958 est rédigée sous l'autorité du gouvernement par une équipe conduite par le gaulliste Michel Debré, Garde des Sceaux et futur Premier ministre. Le projet est approuvé par référendum, avec 79,25% de « Oui », le 28 septembre 1958, amenant la mise en place de la Cinquième République, qui accorde un pouvoir plus important au président de la République que le régime précédent, empêtré dans des crises politiques à répétition, incapable de mettre fin au conflit en Algérie et d'entreprendre de grandes réformes, soumis en partie à la politique étrangère des États-Unis.

Le général de Gaulle entend doter la France d'un état fort et souverain, libre et indépendant, porté par la volonté de redonner à la France sa place de grande puissance dans un monde divisé, opposant les États-Unis et ses alliés occidentaux du Pacte atlantique à l'Union soviétique et ses états satellites du Pacte de Varsovie. Le nouveau régime de la France permet au gouvernement d'assurer sa mission, même en l'absence d'une majorité parlementaire stable et disciplinée. La stabilité gouvernementale doit résulter en partie de la réglementation constitutionnelle. L'élection du président de la République au suffrage universel conduit à la personnification du pouvoir. La Cinquième République est un régime parlementaire doté d'un pouvoir présidentiel fort, ayant tant manqué au système précédent. Le général de Gaulle s'érige rapidement en chef du pouvoir exécutif. Il nomme et peut mettre fin aux fonctions du Premier ministre, organiser un référendum, endosser des pouvoirs exceptionnels dans des circonstances dramatiques, saisir le Conseil constitutionnel, nommer et mettre fin aux fonctions des membres du gouvernement, promulguer la loi, signer les décrets et ordonnances, nommer aux emplois civils et militaires, ouvrir et clore les sessions extraordinaires du parlement, réviser la Constitution par voie du référendum. Il est également le chef des armées, préside le Conseil des ministres et celui de la magistrature.

Il est important de rappeler cet ensemble d'éléments constitutionnels pour bien comprendre les grandes affaires d'espionnage de la Cinquième République. D'autant que le général de Gaulle arrive au pouvoir dans un contexte politique particulièrement difficile. Depuis le 1er novembre 1954, les indépendantistes algériens, emmenés par le tout jeune parti le Front de libération national (FLN), décident d'entamer la lutte armée contre la présence française. Une soixantaine d'attentats sont perpétrés partout en Algérie. C'est le début d'une guerre de décolonisation qui durera huit années. La présence militaire française se limite à l'époque à 50 000 hommes, dont seulement 20 000 aptes au combat. De son côté le FLN n'aligne guère que 700 à 800 partisans, dont plus de la moitié sont à peine équipés. L'organisation clandestine manque d'armes, d'explosifs et de détonateurs. À la suite de cette série d'attentats, on n'assiste pas à un soulèvement de la population et l'insécurité se limite à l'Aurès et à la Kabylie. Le reste de l'Algérie reste calme.

Le véritable coup de tonnerre se déclenche le 20 août 1955 dans le Constantinois, lorsque le FLN parvient à rassembler plusieurs milliers de manifestants armés de haches, de machettes, de serpes, et à déclencher une vague de massacres à Philippeville et dans ses environs, en particulier dans le centre minier d'El Halia où la petite colonie européenne, femmes et enfants compris, est massacrée avec cruauté. La guerre d'Algérie prend alors le visage d'un guerre civile révolutionnaire, marquée par les actes les plus abjectes de la barbarie : 71 Français sont assassinés, ainsi qu'une centaine de musulmans francophiles. La répression française est également d'une extrême brutalité : 2000 musulmans sont massacrés d'après les sources françaises, 12 000 d'après le FLN.

Cette répression à un précédent le 8 mai 1945, lorsque des indépendantistes algériens manifestent, malgré l'interdiction du pouvoir français en place. Des coups de feu claquent. Les indépendantistes se vengent sur les civils français, dont une centaine sont massacrés. La Kabylie, avec Sétif pour épicentre, subit une sévère répression de l'armée française : 3000 musulmans tués en représailles. Le FLN fait état de 50 000 victimes, un chiffre supérieur à celui de l'ensemble de la population de la région concernée. Ancien maire d'Alger et militant actif de la Ligue des droits de l'homme, le général Tubert, chargé d'une mission d'enquête, donne dans un rapport le chiffre, le plus vraisemblable, de 15 000 morts. Le général Duval, assurant la répression, estime qu'elle apporte un sursis d'une dizaine d'années et invite le gouvernement français à entreprendre d'importantes réformes.

Les causes des soulèvements sont faciles à déterminer. Plusieurs révoltes se sont déjà produites en Kabylie et dans les Aurès depuis la conquête de 1830, des régions considérées instables, où la haine des colons reste présente. On ne peut négliger également les séquelles de la Seconde Guerre mondiale, la perte de prestige de la France suite à la défaite de 1940, les conflits entre pétainistes et gaullistes dans les colonies, le rôle souvent douteux des Américains, la création de l'ONU, considérée comme une promesse d'indépendance, et de la Ligue arabe, signe annonciateur d'un renouveau du monde musulman. Ajoutons la déception du statut de l'Algérie de 1947 avec le maintien d'un double collège, associé à des élections outrageusement truquées au bénéfice des Occidentaux.

L'Algérie, partie intégrante de la France, avec ses trois départements, reste cependant marquée par les inégalités politiques et sociales entre Français de souche européenne et Français de souche musulmane. Jacques Soustelle, nommé gouverneur de ce vaste territoire en novembre 1955, a pour mission de réduire les inégalités entre les deux communautés, de lancer une politique de grands travaux afin de limiter le chômage et mettre fin à la misère. Or le FLN, comme il le proclame à l'issue du congrès de la Soummam en août 1956, entend négocier avec les autorités françaises à l'unique condition que l'indépendance de l'Algérie soit pleinement reconnue. Position inacceptable pour les divers gouvernements français qui visent à intégrer davantage l'Algérie à la France, par des réformes multiples en faveur des couches les plus défavorisées, aussi bien occidentales que musulmanes. Pour les principaux chefs militaires français, l'Algérie représente un élément indispensable à la grandeur de la France dans le monde.

Contrairement à l'Indochine, la France n'hésite pas à engager en Algérie des moyens militaires de plus en plus importants pour mettre fin à la rébellion. Le service militaire se trouve porté de 18 à 27 ou 34 mois. Les effectifs connaissent une ascension considérable, 180 000 hommes en janvier 1956, 430 000 deux ans plus tard, sans oublier 270 000 auxiliaires musulmans.

On assiste simultanément à l'augmentation des effectifs rebelles. De 6000 hommes à la fin de 1955, les forces du FLN atteignent 20 000 partisans un an plus tard, associés à 50 000 auxiliaires occasionnels. Malgré une force très inférieure à celle du Viêt-minh en Indochine, le nombre d'embuscades, de sabotages et d'attentats ne cesse d'augmenter en Algérie, passant de 200 en moyenne par mois en 1955 à plus de 2000 deux ans plus tard.

Avec son expérience acquise en Indochine, l'armée française et les services secrets s'adaptent rapidement à cette forme de conflit. Dans les Aurès, en Kabylie, le commandement procède à de vastes opérations de bouclage et de ratissage avec des moyens importants. Le bilan de 1955 se traduit pour les rebelles par 2820 tués et 1814 prisonniers dans leurs rangs, tandis que les pertes militaires françaises se limitent à 347 tués et 374 blessés. Une proportion qui va se maintenir pendant toute la durée du conflit. Les pertes du FLN finiront par atteindre 152 863 tués et celles des troupes françaises 28 500 tués, dont 8000 par accidents.

En Algérie, l'armée française et les services secrets doivent lutter contre une importante guérilla, bénéficiant d'un territoire trois fois plus important que celui de la métropole, propice aux embuscades, aux attentats et aux sabotages. La population occidentale est concentrée sur le littoral, la population musulmane, en majorité rurale, se trouve dispersée à l'intérieur des terres. Des régions entières, souvent montagneuses et arides, constituent d'excellents refuges pour les maquis.

Pour dissocier la population musulmane de la France, le FLN a recourt aux pires méthodes de la guerre subversive de la contrainte, comme les massacres de villageois, les assassinats de citadins, la torture à l'arme blanche (mutilations, nez et lèvres coupés), frappant les éléments francophiles, les habitants qui rechignent à fournir des recrues et à verser l'impôt. Des victimes sont émasculées puis égorgées. Les Occidentaux ne sont pas épargnés : femmes violées et éventrées, colons retrouvés empalés, brulés vifs... Les rivalités entre les diverses branches indépendantistes donnent également lieu à des massacres, comme celui de Melouza en 1957, dont le bilan officiel est de 315 morts.

À partir de 1956, le terrorisme s'installe dans les villes. Des attaques à la bombe concernent les lieux publics, des bars, des dancings fréquentés par les Occidentaux. Le 7 janvier 1957, le général Massu, commandant de la 10e division parachutiste, se voit confier le soin de juguler le terrorisme à Alger avec le soutien des services secrets français, devant l'impuissance de la police. Massu commence par briser une grève ordonnée par le FLN. Retournant contre l'adversaire ses méthodes, en usant de la torture, il parvient à remonter les filières politiques et militaires du FLN, à démasquer les artificiers et les poseurs de bombe. À partir de l'été 1957, la victoire est totale et les attentats cessent complètement durant plusieurs mois. En neuf mois, les cellules algéroises du FLN sont démantelées une à une, avec notamment la disparition de 3024 suspects. La torture est tolérée par l'ensemble des pouvoirs publics, d'autant plus qu'elle permet la prévention d'attentats à la bombe. Les techniques se perfectionnent avec l'usage du courant électrique (la gégène), la pendaison par les membres, l'immersion de la tête dans une baignoire... Les exécutions sommaires de suspects sont banalisées. En revanche, en métropole, les méthodes employées par les paras font l'objet de vives critiques d'intellectuels.

L'armée française et les services de renseignement remportent également de nombreux succès sur le terrain, où les régiments de parachutistes et de légionnaires, les bataillons de chasseurs alpins, les divers commandos et autres unités d'élite parcourent les djebels et accrochent les bandes rebelles. L'innovation tactique de l'emploi de l'hélicoptère, à une échelle croissante, facilite considérablement la destruction des maquis ennemis. La victoire militaire est en vue : 270 000 musulmans servent aux côtés de l'armée française, dans les régiments de tirailleurs, les harkas (auxiliaires), les commandos, dans les unités d'autodéfense des villages. À l'opposé, 30 000 musulmans luttent au sein des diverses organisations indépendantistes. Les pertes infligées au FLN et autres groupes indépendantistes sont de l'ordre de 50% des effectifs.

L'arrivée au pouvoir du général de Gaulle en 1958 va bouleverser la situation en Algérie. D'abord favorable au maintien de la présence française, il doute finalement de la possibilité d'assimiler les musulmans à la population française. Il n'a pas oublié également que la majorité de l'Algérie ne l'a pas soutenu durant la Seconde Guerre mondiale, en lui préférant le maréchal Pétain, puis le général Giraud. Le doute, la désillusion et la rancune, conduisent le général de Gaulle à envisager finalement l'indépendance de l'Algérie. Il estime également que le maintien de l'Algérie à la France exige des moyens militaires et financiers trop importants sur le long terme, d'autant qu'il envisage au même moment de doter la métropole d'une force de dissuasion nucléaire efficace. Ainsi, la France retrouvera son rang de grande puissance mondiale, au même titre que les États-Unis, l'Union soviétique et la Grande-Bretagne, également équipés de l'armement atomique.

Le 8 janvier 1961, le référendum proposé par le général de Gaulle visant à statuer sur l'autodétermination des populations algériennes est organisé simultanément en France et en Algérie. Dans la métropole, 75,26% des Français se déclarent en faveur de la création d'une république algérienne. En Algérie même, 70% des musulmans disent « oui » à l'autodétermination. Les Européens d'Algérie ne sont même pas consultés, bien qu'ils représentent un million de personnes sur une population totale d'une dizaine de millions d'habitants.

Le 22 avril 1961, c'est avec stupeur que les Algérois apprennent à la radio que « l'armée a pris le contrôle de l'Algérie et du Sahara. Il n'y aura pas d'Algérie indépendante ».[1] Les promoteurs de ce putsch sont des colonels, pour la plupart anciens d'Indochine, avec à leurs têtes les généraux Zeller, Jouhaud, Challe et Salan. Le programme des généraux putschistes est simple : achever la pacification de l'Algérie, afin de remettre à la France et au général de Gaulle une Algérie française sur un plateau d'argent. L'armée française restera ainsi fidèle à son engagement de ne pas abandonner les Occidentaux et les musulmans qui lui font confiance. Le drame de l'Indochine ne se reproduira pas.

Le putsch s'effectue à Alger sans coup férir avec le concours du 1er régiment étranger parachutiste (REP), basé à Zeralda. Les partisans du général de Gaulle sont arrêtés. Beaucoup d'hommes politiques s'attendent à une opération

---

[1] Archives nationales, Paris.

aéroportée sur la région parisienne et à une prise du pouvoir par les paras. Le soir même, le général de Gaulle fulmine contre un « quarteron de généraux en retraite », qui ont trahi leur devoir le plus sacré d'obéissance.

Le lendemain même, le putsch se révèle moribond. L'échec vient d'une armée qui a perdu en partie son unité. Les mutations successives ont mis en place des bastions de gaullistes fervents qui freinent le développement du putsch, qui se limite finalement à quelques cadres décidés. Le problème clé est celui de la masse du corps des officiers composée d'hommes désabusés, hésitants ou opportunistes, voire déchirés, qui se refusent à une aventure d'une issue douteuse, avec tous les risques que cela comporte pour leur carrière.

Le putsch ne dure pas plus de 4 jours. Il n'a pas dépassé le niveau d'un simple baroud d'honneur. Les généraux Challe et Zeller se constituent prisonniers, Salan et Jouhaux se fondent dans la clandestinité. Le général de Gaulle en profite pour exercer une mise au pas définitive de l'armée, par une répression sévère. Trois régiments parachutistes sont dissous. Les 10e et 25e divisions parachutistes sont totalement refondues. La Légion est en partie préservée. Plus de 200 officiers sont rayés des cadres et plusieurs dizaines déférés devant les tribunaux militaires. De janvier à décembre 1961, 1800 officiers quittent l'armée, 1300 volontairement et 500 mis en congé spécial. Les généraux Challe et Zeller s'en tirent avec seize années d'emprisonnement. L'armée française, complètement désorientée, s'enfonce dans la passivité, alors que le FLN se trouve au plus bas de ses effectifs. Les opérations sont de plus en plus rares.

L'heure est à la négociation, qui se déroule dans le plus grand secret dans le Jura pour finir par l'accord du 18 mars 1961, à Évian. Le FLN remporte une victoire totale et les délégués français Louis Joxe, Jean de Broglie, Robert Buron ont cédé sur bien des points, malgré les directives de fermeté du gouvernement français. Ils ont abandonné ce qu'un Raymond Aron jugeait impossible : pas de réelle garantie pour les Occidentaux, qui ne pourront bénéficier de la double nationalité, encore moins de garantie pour les musulmans favorables à la France, le Sahara fera partie intégrante du territoire algérien au bout de quelques années. L'armée française doit achever l'évacuation totale de l'Algérie dans un délais de cinq ans. Sur le terrain, les troupes françaises reçoivent l'ordre de rejoindre leurs casernes et de ne pas intervenir. Les Européens et les musulmans fidèles à la France se retrouvent sans défense, exposés aux exactions, aux enlèvements, aux assassinats. L'horreur intervient dans le silence du gouvernement français et l'indifférence de la métropole.

De son côté, le général de Gaulle est beaucoup plus optimiste au sujet de la conclusion de l'accord d'Évian : « Garanties complètes et précises aux membres de la communauté française qui voudront rester sur place ; des droits privilégiés pour nos recherches et notre exploitation du Sahara ; la poursuite de nos expériences atomiques et spatiales dans le désert ; la disposition de la base de Mers-el-Kébir et divers aérodromes assurée à nos forces pendant au moins quinze années ; le maintien pour trois ans de notre armée en Algérie là où nous le jugerons nécessaire. »[2]

En fait, les éléments indépendantistes algériens les plus radicaux ne vont pas respecter les textes d'Évian, en poussant notamment à l'exode les Pieds-Noirs, avec la menace « de la valise ou du cercueil ». De son côté, le général de Gaulle, qui ne veut pas rallumer la guerre d'Algérie, se garde de réagir à cette violation et à bien d'autres, comme le massacre des harkis, restés fidèles à la France. Il est vrai que le FLN se montre plus conciliant concernant les essais nucléaires français au Sahara : ni embuscades, ni sabotages. Il est vrai que les moyens militaires français déployés dans cette zone ne peuvent que dissuader les plus téméraires. La base française B2-Namous, vaste centre d'expérimentation d'armes chimiques au nord du Sahara, continue même de fonctionner jusqu'en 1978. Comme le fait remarquer Rémi Kauffer, les accords d'Évian marquent l'accession de l'Algérie à l'indépendance. Cependant, aux prix de nombreuses violations du côté algérien, acceptées en partie par le gouvernement français, ils permettent également l'achèvement de la force de frappe nucléaire si chère au général de Gaulle.

L'Algérie est alors balayée par un véritable vent de folie meurtrière et sombre dans le chaos. L'organisation de l'armée secrète (OAS), composée de partisans acharnés de

---

[2] Charles de Gaulle, *Mémoires d'espoir, le renouveau 1958-1962*, éditions Plon 1970.

l'Algérie française, dont le général Salan a pris le commandement, multiplie les attentats un peu partout, aussi bien en Algérie qu'en métropole, contre des membres vrais ou supposés du FLN, des fonctionnaires gaullistes, des hommes politiques, des intellectuels et autres, dont le général de Gaulle à plusieurs reprises. Les attentats deviennent aveugles. Le but recherché de l'OAS est de déclencher une réaction brutale des musulmans, obligeant ainsi l'armée française à intervenir.

Le Service de documentation extérieure et de contre-espionnage (SDECE), véritable service secret français, s'active à la fois contre l'OAS et le FLN. Fondé par décret le 28 décembre 1945, avec l'accord du général de Gaulle, alors chef du gouvernement, le SDECE est, sous la Quatrième République, subordonné au président du Conseil. Avec l'instauration de la Cinquième République et jusqu'en 1962, il est utilisé par le Premier ministre Michel Debré et se montre particulièrement efficace durant la guerre d'Algérie. En 1958, le SDECE se trouve sous le commandement du général d'armée Paul Grossin. Il ne prend pas pour autant la fonction du Deuxième Bureau de l'armée française, qui reste alors consacré au renseignement militaire traditionnel. Le SDECE est chargé de la protection des intérêts français et opère à l'extérieur des frontières de la métropole. Espionnage et contre-espionnage, surveillance et filature, protection et enlèvement, sabotage, attentat, liquidation et même opération commando sont les missions principales du SDECE. Le bras armé du SDECE est constitué par son Service action (SA), chargé de la planification et la mise en œuvre des opérations clandestines, à savoir les sabotages, les enlèvements et les assassinats de personnes. Il est également utilisé pour infiltrer ou exfiltrer clandestinement des personnels. Il peut contribuer à l'obtention de renseignements par la capture de matériel sensible. Il remplit également des missions d'évaluation de la sécurité de divers bâtiments. Le bras armé du Service action du SDECE repose sur le 11e bataillon parachutiste de choc (BPC) qui, en octobre 1955, fusionne avec le 12e BPC pour donner naissance à la 11e demi-brigade parachutiste de choc (DBPC).

Le général Paul Grossin mérite l'attention du fait de son poste de directeur général du SDECE en 1958. Né à Oran le 1er janvier 1901, il passe sa jeunesse en Algérie, à Auxerre, au Maroc et à Paris, au gré des affectations de son père, officier d'infanterie. Il réussit en 1925 le concours d'entrée de l'École militaire du Génie à Versailles. Il en sort comme officier d'active en 1927. Commandant en septembre 1939, il est affecté à l'État-Major de la Ve armée française, positionnée en Alsace. À cette occasion, il fait la connaissance du colonel Charles de Gaulle. Les deux hommes s'apprécient, Grossin fournit à De Gaulle le carburant dont ce dernier a besoin pour l'entraînement des chars de la Ve armée, dont il a obtenu depuis peu le commandement. Il fréquente également le général de Lattre de Tassigny, alors commandant de la 14e division d'infanterie. Grossin est fait prisonnier fin juin 1940 dans les Vosges, mais parvient à s'évader d'Allemagne en août et rejoint la France. En 1941, il participe avec sa femme (Hélène Rieffel) à la création d'un mouvement de Résistance, aux côtés de Louis Joxe, René Capitant, Paul Coste-Floret et du colonel Paul Tubert. Du fait de son appartenance à la franc-maçonnerie (Grand Orient de

France), il est rayé des cadres de l'armée pour le gouvernement de Vichy en décembre 1941. Au sein de la Résistance, il soutient le débarquement des Alliés en Algérie en novembre 1942. Il intègre ensuite la 1ère division française libre, avec le grade de lieutenant-colonel. À Alger, il prépare avec le général de Lattre le débarquement de Provence, participe à la campagne de France en 1944. Promu au grade de colonel en septembre 1944, il occupe le poste de chef adjoint du cabinet militaire du ministre de la Guerre en 1945-1946, qui est alors le gaulliste André Diethelm. Durant la même période, il s'inscrit au Parti socialiste (SFIO). Ces divers réseaux jouent un rôle important dans sa nomination au poste de secrétaire général militaire de l'Élysée en janvier 1947, par le président Vincent Auriol. À ce poste, il est aux premières loges de tout ce qui touche aux questions militaires de la France. En 1955, il est nommé commandant de la IXe région militaire de Marseille. Il est également chargé de mission au sujet de la guerre d'Algérie, auprès du gouvernement de Guy Mollet, alors président du Conseil.

Promu au grade de général d'armée en décembre 1956, Paul Grossin est nommé directeur général du SDECE en septembre 1957, par le président du Conseil Maurice Bourgès-Maunoury. À ce poste, il est unanimement reconnu comme un grand patron, servie par son expérience à l'Élysée et sa connaissance des réseaux d'influence. Énergique et d'une humeur sereine toujours égale, il est respecté de tous, dont même l'américain Allen Dulles, directeur de la CIA. Son travail consiste à réorganiser les services secrets français du SDECE, afin de les replacer sous l'unique dépendance de la présidence du Conseil. En mai 1958, le général de Gaulle revient au pouvoir. Grossin s'adapte facilement aux nouvelles exigences de la Cinquième République, fondées notamment sur la grandeur de la France et son indépendance nationale. Le SDECE poursuit sa réorganisation par la remilitarisation de ses services, voyant passer les civils de 60% à 40% des effectifs, sur un total de 1700 agents, répartis dans le renseignement, le contre-espionnage et le service action avec le 11e bataillon parachutiste de choc.

Grossin et le SDECE fournissent au gouvernement des informations précieuses, montrant que le putsch des généraux français à Alger est insuffisamment préparé, dont les communications sont interceptées et retranscrites. La lutte contre l'OAS est en revanche mollement soutenue par Grossin, qui compte beaucoup de connaissances parmi les officiers ayant basculé dans l'illégalité. D'autant que Michel Debré, alors Premier ministre et actif partisan de l'Algérie française, est en froid avec le général de Gaulle à ce sujet. La situation est d'une grande confusion.

Conseiller technique pour toutes les questions de sécurité et de renseignement de 1959 à 1962, auprès du Premier ministre Michel Debré, Constantin Melnik est chargé d'orchestrer, aux côtés du général Grossin, la lutte contre le FLN et l'OAS. Sans état d'âme, au nom de la raison d'État, il met sa froide détermination au service de la politique du général de Gaulle. Né en France le 24 octobre 1927, il est le fils d'un officier de l'Armée impériale russe, contraint de se réfugier en France durant les années 1920. Malgré son jeune âge, Constantin Melnik sert d'agent de liaison d'un maquis durant la Seconde Guerre mondiale.

Sorti major de l'Institut d'études politiques de Paris, il devient secrétaire parlementaire du groupe de la Gauche républicaine au Sénat. Il se lie d'amitié avec Michel Debré et intègre le 2e Bureau de l'armée. Préoccupé par la défense des États occidentaux face à la menace soviétique, Constantin Melnik se forme aux méthodes américaines d'espionnage. Il élabore ainsi ce qui sera toute sa doctrine de conduite, le devoir de servir du mieux de ses capacités les États démocratiques contre les attaques totalitaires, de maintenir la puissance de ces États et leur légalité afin de conserver intact le droit de tout être humain à la liberté. Après le retour au pouvoir du général de Gaulle en 1958, ses fonctions de conseiller technique du Premier ministre Michel Debré l'amènent à coordonner et donner l'impulsion nécessaire aux différents services (Police judiciaire, Renseignements généraux, SDECE, Direction de la surveillance du territoire, etc.) impliqués dans le maintien de l'ordre, la lutte contre le KGB soviétique, le FLN, l'OAS ou toute organisation terroriste.

C'est alors que débute la troublante histoire des « barbouzes » en octobre 1961. L'avocat Pierre Lemarchand, ancien résistant et ancien partisan de l'Algérie française, mais gaulliste inconditionnel, réunit dans son appartement parisien, rue François Miron, un véritable conseil de guerre : Roger Frey, ministre de l'Intérieur, Alexandre Sanguinetti, son collaborateur inconditionnel, et Lucien Bitterlin, responsable de la fédération algérienne du Mouvement pour la coopération (MPC). Cette réunion doit permettre la constitution d'une police secrète auxiliaire, opposant à l'OAS un contre-terrorisme aussi violent.

Sanguinetti, cerveau du plan anti-OAS, est un baroudeur tonitruant. Militant d'extrême droite dans sa jeunesse, ancien combattant des commandos d'Afrique durant la Seconde Guerre mondiale, gravement blessé lors des combats de l'île d'Elbe en juin 1944, comploteur sous la Quatrième République, partisan acharné de l'Algérie française jusqu'en 1958, mais également gaulliste inconditionnel, il est alors miraculeusement aspiré vers les substantiels avantages du nouveau pouvoir. Il devient le plus acharné à combattre ses anciens amis.

À Alger, le délégué général Jean Morin souffre le martyre. Sa police est noyautée par l'OAS qui ne semble rien ignorer des ordres qui y sont pris. Le commissaire Grassien, après avoir remporté quelques succès contre les activistes de l'OAS, sent que de chasseur il va devenir gibier. Il demande le retour en France de sa brigade. Il obtient tardivement gain de cause. Son adjoint, le commissaire Joubert, est assassiné le 9 novembre 1961, le jour même du rapatriement !

La mission Grassien révèle de manière irréfutable que la Sûreté d'Alger est entièrement infiltrée par les partisans du général Salan. L'équipe de gaullistes qui dirige le ministère de l'Intérieur depuis le putsch, estime que les moyens classiques ne suffisent plus.

Sur ce point, ils sont en désaccord complet avec Constantin Melnik, chargé des affaires de sécurité au cabinet du Premier ministre Michel Debré, particulièrement de la lutte contre l'OAS, comme il me l'a raconté lors d'un entretien privé en avril 1992 :

« Dès mon arrivée à Matignon, des demi-solde du « gaullisme », anciens costauds du « service d'ordre » gaulliste qui s'étaient allégrement colletés avec les communistes à coups de barres de fer lors de meetings politiques, assiégèrent mon bureau, roulant les épaules, jouant des muscles, mais laissant dans leur sillage tout ce que j'apprenais sur leurs éventuelles condamnations pour rixes, coups et blessures, voire proxénétisme. Ces fiers-à-bras m'impressionnaient moins par leur brutalité que par leur infantilisme et je n'avais, d'ailleurs, rien à confier à leur « Service d'action civique ».

« Ma position ne changea pas après l'apparition de l'OAS. Comment, voyants et peu subtils, comme ils l'étaient, auraient-il pu – même flanqués de Vietnamiens surgis on ne sait d'où et encore plus repérables – obtenir dans la bouillonnante Alger des renseignements sur la rébellion militaire ou pied-noir ? En revanche, les excès de ces êtres simples et tout d'une pièce face à une population hostile à leur idole étaient prévisibles.

« D'autre en jugèrent autrement et un soir, afin d'essayer de désamorcer mon hostilité, une rencontre fut organisée en terrain « neutre », dans l'appartement d'un ami commun, avec l'un des responsables de ceux qui s'accolaient eux-mêmes la combien détestable appellation de « barbouzes ». Je fis la connaissance ainsi de Dominique Ponchardier, célèbre « gorille » que le Général allait nommer, plus tard et bien curieusement, ambassadeur.

« Je confirmai mon opposition irréductible à toute rupture de la légalité, à toute volonté de se substituer aux services et procédures officiels. Après deux heures d'une discussion envenimée, mais à laquelle je m'efforçai de garder un ton de politesse distante et glacée, je me dirigeai vers la porte.

« Alors Ponchardier, bondissant sur ses pieds, exhiba un pistolet d'un volume invraisemblable. Se collant dans les doubles rideaux d'une fenêtre ouverte sur la rue parisienne déserte et paisible, il proclama, superbe :

« - Passe devant. Je te couvre ! »[3]

Mission C comme Choc ! C'est le nom que Roger Frey et Alexandre Sanguinetti ont donné au plan visant à décapiter l'OAS. L'opération, préparée avec minutie, repose tout d'abord sur l'envoi en Algérie de 200 fonctionnaires de police, aux ordres de Michel Hacq, directeur central de la Police judiciaire et ancien résistant du réseau Ajax. Nommé le 26 novembre 1961 à la tête de Mission C, Hacq s'envole pour Alger, mais pour peu de temps... En fait, c'est de Paris qu'il dirigera les opérations, en liaison avec les autres services et le cabinet du Premier ministre, dont Melnik sert d'interlocuteur, et celui du ministère de l'Intérieur, avec Sanguinetti en première ligne. Les policiers de la Mission C sont retranchés à l'École de police d'Hussein Dey, sous la protection de la gendarmerie mobile.

Parallèlement à cette mission de police classique dont les membres, révèle Constantin Melnik, sont stimulés par la promesse de promotions et de primes substantielles,

---

[3] Entretiens de l'auteur avec Constantin Melnik en avril 1992.

Lemarchand et Ponchardier se chargent de l'aspect illégal, avec la formation d'une « police » très spéciale qui s'inscrira dans l'histoire sous le sobriquet de « barbouzes ». Ce terme argotique finira pas être employé pour désigner un agent secret sans distinction, avec une connotation péjorative et burlesque, immortalisée par le célèbre film de Georges Lautner en 1964, sans oublier les dialogues savoureux de Michel Audiard et les acteurs Lino Ventura, Bernard Blier, Francis Blanche et Mireille Darc.

Dominique Ponchardier, figure pittoresque de la Résistance et des services spéciaux, auteur de romans de série noire (*Le Gorille*), a joué un rôle actif dans les complots qui ont permis le retour du général de Gaulle en 1958.

La couverture de cette police parallèle est assurée par Lucien Bitterlin, ancien animateur de radio, responsable du Mouvement pour la coopération à Alger. Cette organisation, présidée par Jacques Dauer, doit théoriquement se borner à une action politique prônant la troisième voie pour l'Algérie : « Ni le cercueil, ni la valise : la coopération », annoncent les affiches du MPC. Mais sous l'impulsion de Lemarchand, Bitterlin va largement outrepasser ses intentions théoriques.

Pour accueillir et loger les « barbouzes » que Ponchardier et Lemarchand lui envoient de la métropole, Bitterlin est secondé par André Goulay, ancien champion de boxe, Yves Le Tac, industriel, gaulliste de toujours et président du MPC en Algérie, Pierre Lecerf, ancien du bataillon de Corée et Louis Verger.

Pour les frais, Bitterlin reçoit des fonds spéciaux via diverses associations gaullistes dont celle fondée par Claude Raybois et le colonel Gentgen, Le Soutien à l'action du général de Gaulle, domiciliée à la même adresse que le SAC (Service d'action civique). Le 2 novembre 1961, Bitterlin est reçu par le délégué général Jean Morin qui lui offre la coquette somme de quinze millions de francs, des armes et le soutien total de la Sécurité militaire réorganisée par le colonel André, pour lutter en priorité contre l'OAS, et où sert un jeune officier de réserve nommé Pierre Joxe. Les fonds sont délivrés par un fonctionnaire, Claude Vieillecazes.

Entre Michel Hacq et les « barbouzes », la liaison est assurée par l'inspecteur René Chazotte, petit et sec, le teint mat, parlant avec l'accent de Perpignan, surnommé « Hernandez ». Les policiers officiels prêtent la main aux « barbouzes » ne serait-ce que pour récupérer, après interrogatoires musclés, leurs prisonniers. En fait, ils les utilisent un peu comme le chasseur avec la chèvre pour faire sortir le lion.

Jean Dubuquoy et Louis Dufour se chargent de gérer les fonds, de payer les soldes et de louer les villas. Car les barbouzes sont arrivés en nombre. Outre les gros bras du service d'ordre gaulliste, les recruteurs ont fait le tour des prisons pour y récupérer un certain nombre de spécialistes de la bagarre et du règlement de compte, truands notoires et proxénètes. Deux spécialistes des arts martiaux, Jim Alcheik et Roger Bui-Thé, forment une équipe parmi les élèves de leur salle parisienne, dont un fort contingent de Vietnamiens.

Cette arrivée massive ne passe pas inaperçue à Alger. Surtout dans une ville où la population est à 90% favorable au général Salan. Dès le 2 décembre 1961, *France-Soir* titre en première page : « Les barbouzes arrivent. » Pour la discrétion, c'est raté...

Le colonel Godard, héros de la Résistance, ancien chef de la Sûreté à Alger, et Roger Degueldre, chef des commandos OAS Deltas, les attendent de pied ferme. Informés de leur venue par leurs contacts dans la police, ils ont vite fait de repérer leurs villas transformées en « bunkers ».

Dès le 20 novembre 1961, les barbouzes passent à l'action, plastiquant des cafés réputés proches de l'OAS. Pierre Lecerf parvient à s'infiltrer dans l'OAS et identifie plusieurs membres des commandos Deltas.

La Sécurité militaire recrute de son côté un certain Jean Augé, alias « Petit Jeannot », caïd du milieu lyonnais qui a fait ses premières armes dans la Résistance. Il se rend en Algérie et abat deux agents du SDECE accusés de trahison. Le colonel André reconnaîtra en juin 1965 que le truand avait effectivement travaillé pour son service, sans préciser bien entendu la nature des missions. Le 15 juin 1973, « Petit Jeannot » sera assassiné par des inconnus...

Parmi les gibiers de prison recrutés par le ministère de l'Intérieur pour mener la lutte clandestine contre l'OAS en métropole, l'un des plus représentatifs est un certain Raymond Meunier, dit « Raymond-la-Science », condamné à six ans de prison pour vol à main armée et subitement libéré en 1961. Le colonel Marcel Le Roy-Finville, ancien officier du SDECE, le décrit comme « le type même du gorille pour films de méchants. Un colosse adipeux à la Frankenstein, difforme et flasque, des mains comme des battoirs, énormes quartiers de viande qu'on avait du mal à serrer, une voix grasseyante aux intonations vulgaires, un vocabulaire argotique et trivial. Le summum de la belle brute ».[4]

Imposé au SDECE qui a toujours refusé d'être mêlé à des opérations de politique intérieure, Meunier infiltre les milieux anti-gaullistes, organise des attentats à l'explosif et parvient à créer de faux réseaux OAS. Jouant en fait le double jeu, il avertira certains membres de l'OAS de leur arrestation imminente.

Bien entendu, avec de tels « fiers-à-bras », les bavures ne manquent pas. Trois ingénieurs de la SN-Repal, société exploitant les champs pétrolifères d'Hassid-Messaoud, sont injustement soupçonnés de travailler pour l'OAS. Leur enlèvement déclenche une grève générale sur le chantier pétrolier et déchaîne la colère du gouvernement français. De son côté, l'OAS ne reste pas sans réaction.

Le 12 décembre 1961, Bitterlin et Goulay sont victimes d'une embuscade tendue par deux commandos Delta. Bitterlin n'est que légèrement blessé mais Goulay doit être hospitalisé. Quinze jours plus tard, dans la nuit du 31 décembre, sept roquettes tirées au bazooka détruisent, rue

---

[4] Entretiens de l'auteur avec le colonel Marcel Leroy-Finville en mai 1995.

Fabre, la villa des barbouzes de Jim Alcheik. L'OAS parlera de 14 morts. Les barbouzes n'avoueront qu'un seul blessé mais seront contraints d'abandonner la villa.

Le 29 janvier 1962, la villa Andréa, à El Biar, est réduite en fumée par une énorme explosion. La police retrouvera dans les décombres 19 cadavres calcinés dont celui d'Alcheik. Tout a commencé le matin avec la réception des machines d'imprimerie commandées à Paris depuis deux mois. Deux énormes caisses livrées sous douanes par Bedel et Cie. Alcheik attend, puis ne voyant pas venir les commissaires des douanes qui doivent assister à l'ouverture, il décide de commencer sans eux. Dès qu'un outil est engagé sous une planche, c'est l'explosion. Quatre-vingt-dix kilos d'explosifs ont sauté, pulvérisant la villa et ses occupants.

Le mystère de cette opération, dont l'OAS tire tout le bénéfice, reste entier. On pense cependant que c'est le SDECE, averti par ses propres informateurs, et hostiles aux barbouzes, qui a fait piéger la caisse avant son départ pour Marseille.

Parmi les rares survivants, trois prisonniers supposés membres de l'OAS, qui avaient été torturés. Pour compenser ses pertes, Bitterlin reçoit du renfort, dont un truand célèbre, Christian David, futur assassin du commissaire Gallibert. Quelques « durs » du milieu marseillais apportent également leurs concours. Menacés d'élimination aussi bien par l'OAS que par leurs propres employeurs, les barbouzes vont multiplier les exécutions, les plasticages et les bavures, comme l'assassinat de l'ingénieur Camille Petitjean, soupçonné à tort d'être membre de l'OAS. Avant d'être retrouvé découpé en morceaux dans un sac, dans un terrain vague entre Orléansville et Charon, Petitjean est affreusement torturé : « Il est attaché à une chaise. Sur son front de l'acide coule goute à goute d'une boîte de conserve suspendue au-dessus de sa tête (…). L'acide coule, creusant d'atroces rigoles. »[5] Les barbouzes prennent pour bastion l'hôtel Radjah, que leur loue un proche du FLN, le bachaga Bouabdellah. Mais ils ne sont plus que des assiégés.

Roger Frey décide de les rapatrier le 7 mars 1962. Il faut attendre 1966, suite au scandale de l'affaire Ben Barka, pour que le général de Gaulle reconnaisse l'existence de « barbouzes » et de leur travail en commun avec la police, la Sécurité militaire et le SDECE.

Sous le nom trompeur de la Main rouge, une organisation fantomatique que la presse croit menée par des partisans de l'Algérie française, le général Maurice Grossin, patron du SDECE, et le colonel Robert Roussillat, chef du Service action, organisent des assassinats ponctuels d'indépendantistes algériens et de sympathisants occidentaux du FLN installés eu Europe. Durant la seule année 1960, 135 personnes sont tuées par la Main rouge en Allemagne de l'Ouest, en Suisse, en Belgique, en Italie et au Pays-Bas. Les agents chargés de ces missions spéciales, instruits par les officiers Zahm et Lehmann au centre de Cercottes dans le Loiret, comptent parmi eux de nombreux anciens résistants et combattants de la France libre. Ces

---

[5] Archives nationales, Paris.

opérations nécessitent un armement spécial, comme la célèbre sarbacane dotée d'une fléchette empoisonnée, les pistolets-stylos mis au point par l'ingénieur polytechnicien Lucien Deruelle, inventeur du prestigieux pistolet-mitrailleur MAT 49, équipant en quantité l'armée française, dont les unités d'élite. Le capitaine Jeannou Lacaze, futur chef d'état-major des armées sous François Mitterrand, participe à ces missions, de même que Jacques Foccart, le conseiller occulte du général de Gaulle.

« Pour ce type d'opération, me raconte P. B., un ancien agent du Service action, ayant combattu durant la Seconde Guerre mondiale au sein du BCRA (services secrets de la France libre), il faut compter sur des dizaines d'opérateurs, chargés d'assurer la reconnaissance, le renseignement, la logistique, la location d'appartements, le transport des agents. Après l'assassinat de l'étudiant indépendantiste algérien Akli Aïssou à Bruxelles le 9 mars 1960, le professeur belge Georges Laperches est tué le 25 mars par un paquet piégé. Le même jour, un autre universitaire belge, Pierre Le Grève, échappe de peu à la mort de la même manière. Alors que le SDECE est supposé ne pas opérer sur le sol français, je peux vous affirmer que les chefs de la Main rouge, à savoir le Service action, ont décidé l'élimination physique de membres du collectif des avocats du FLN à Paris. C'est ainsi que le 21 mai 1959, Maître Amokrane Ould Aoudia, rattaché au barreau de la capitale, est tué de deux balles de pistolet automatique, rue Saint-Marc, à Paris. »[6]

Des actions secrètes sont menées contre l'approvisionnement en armes des combattants indépendantistes algériens. Paul Zigmant, ancien résistant du mouvement Combat, dirige durant la guerre d'Algérie la section Trafic d'armes, dépendante du service 4 (contre-espionnage) du SDECE : « On devait, me raconte-t-il, rassembler les informations reçues par nos services, afin d'identifier les circuits et les navires approvisionnant en armes le FLN, de manière à les faire arraisonner par la Marine nationale. On a localisé les sociétés spécialisées dans le « commerce » clandestin des armes, les noms des trafiquants, leurs principaux intermédiaires, les mécanismes bancaires, les filières etc... Certains navires armant le FLN sont sabotés. Des trafiquants et leurs commanditaires sont abattus par nos agents du Service action. Notre interlocuteur privilégié était la Marine française, qui a très souvent intercepté les navires transportant des armes et des équipements pour le FLN. C'est ainsi que l'Athos, ancien dragueur de mines anglais parti du Liban, battant pavillon soudanais et devant débarquer 70 tonnes d'armes pour équiper 3000 combattants indépendantistes algériens, est intercepté par notre flotte au large de Ghazaouet. Notre espion à bord, Joseph Casquet, a joué un rôle remarquable dans ce succès.

---

[6] Entretiens de l'auteur avec P. B. en mars 1995.

On fait également arraisonner le Slovenja, en provenance de Yougoslavie, chargé de 6800 armes. »[7]

Mais qui est-donc ce mystérieux Joseph Casquet ? Un personnage semblant sortir tout droit d'un roman d'espionnage, tant son parcours est incroyable. Né à Oran en 1906, il participe à l'âge de 29 ans à la fondation du Parti communiste algérien. Il rejoint en 1936 les Brigades internationales en Espagne, tout en fournissant des informations précises au Service de renseignement français sur l'armement soviétique, équipant les dites Brigades en question. Capturé par les troupes franquistes, il est sauvé de justesse par l'ambassadeur de France à Madrid, un certain maréchal Philippe Pétain... Durant la Seconde Guerre mondiale, il rejoint la Résistance en Afrique du Nord, en se voyant chargé par le BCRA gaulliste de missions d'espionnage au Maroc et en Algérie. En 1955, devenu aubergiste à Kristel, près d'Oran, il signale à la DST un débarquement d'armes clandestin. Il est immédiatement convoqué à la Sûreté à Paris, puis recruté par le SDECE. Il infiltre les filières d'armement du FLN, en se faisant embaucher comme cuisinier à bord des navires chargés de ce trafic. Malgré d'indéniables succès à mettre à son actif, le SDECE finit par se méfier de lui du fait de ses fréquentations marquées avec les ultras de l'Algérie française, dont l'avocat d'extrême-droite Jean-Baptiste Biaggi et Robert Tabarot, un des chefs de l'OAS. Casquet

---

[7] Entretiens de l'auteur avec Paul Zigmant en juin 1995.

est finalement arrêté en 1959 pour trafic... de pistolets-mitrailleurs. Libéré par la suite, il disparaît dans la nature.

Outre les actions contre le FLN et ses alliés, la lutte contre l'OAS se poursuit. L'enlèvement du colonel Antoine Argoud ressemble à lui seul à un film d'espionnage. Né le 26 juin 1914 à Darney dans les Vosges, il sort de l'école polytechnique en 1934 et entre comme officier d'active dans l'arme blindée. Durant la Seconde Guerre mondiale, il prend part à la campagne de Tunisie en 1942-1943, où il est blessé. En 1944-1945, le capitaine Argoud commande le 2e escadron de reconnaissance du 3e régiment de chasseurs d'Afrique, au sein de la 1ère division blindée, avec lequel il combat avec courage dans les Vosges, en Alsace puis en Allemagne. Après la guerre, il approfondit sa formation à l'École de guerre de Saumur, puis entre à l'état-major du général de Lattre de Tassigny, dont il est conseiller technique pendant trois ans. En 1954, il forme la brigade Javelot au sein de la 7e division blindée. En 1956, envoyé en Algérie, il prend le commandement du 3e régiment de chasseurs d'Afrique. Il est ensuite chef d'état-major du corps d'armée d'Alger. Le 22 avril 1961, il se solidarise avec les officiers du putsch des généraux, puis se réfugie en Espagne. Mais le gouvernement l'interne aux îles Canaries. Il parvient à s'évader quelques mois plus tard et rejoint la Belgique. En mai 1962, il devient le chef nominal de l'OAS pour la métropole.

Au début de l'année 1963, le colonel Argoud est activement recherché dans toute l'Europe. La police belge découvre des archives de l'OAS qui sont transmises aux Renseignements généraux français. Le services secrets ouest-allemands, favorables à l'indépendance de l'Algérie, fournissent également de précieux renseignement à leurs collègues français.

Croyant trouver refuge à Rome, Argoud doit bientôt déchanter : un de ses collaborateurs, l'adjudant Mertz, échappe de peu à un enlèvement. Il ne s'y attarde donc pas. Le 22 avril 1963, il est arrêté dans le hall de son hôtel à Munich par deux policiers allemands pour une simple vérification. Dans la voiture, Argoud comprend qu'il a été enlevé par des barbouzes. L'un est un officier de la Sécurité militaire (SM), l'autre serait un truand notoire, Georges Boucheseiche, qui a fait ses premières armes au service de la Gestapo, sous l'occupation. Ce qui ne l'empêche pas d'être l'ami de Jo Attia, autre truand, mais ancien résistant...

Sur un parking de l'autoroute, changement de véhicule. Argoud et ses ravisseurs se trouvent maintenant sous la protection des plaques militaires françaises en Allemagne ! La frontière française est franchie à Kehl. La voiture, roulant à petite vitesse, arrive à Paris dans l'après-midi du mardi 26. À 16 h 30, le téléphone sonne dans le bureau du commissaire Bouvier, quai des Orfèvres : « Vous avez un client de poids dans une estafette, square de l'Archevêché. Faites vite ! » L'interlocuteur anonyme du commissaire est un caïd de la pègre, Jo Attia, vieux complice des services spéciaux, spécialement sorti de prison de Fresnes pour organiser et superviser l'enlèvement... Emprisonné jusqu'en 1968, Antoine Argoud s'installe ensuite à Darney, où il écrit ses souvenirs, puis devient graphologue. Il décède le 10 juin 2004.

Antoine Argoud a toujours mis en cause les barbouzes dans son enlèvement et reconnu le gangster Georges Boucheseiche parmi ses ravisseurs. L'historien Jacques Delarue affirme de son côté que l'opération a été menée par les services officiels, plus précisément des officiers du 11e Choc. Cette opinion est partagée par Pierre Lemarchand, un des principaux responsables des barbouzes. Pierre Messmer, à l'époque ministre des Armée, confirme que l'enlèvement a été ordonné par lui-même à la Sécurité militaire (SM), dirigée à l'époque par le général Feuvrier. Le journaliste et écrivain Rémi Kauffer apporte les faits suivants : « Manœuvré par un journaliste d'extrême droite, Argoud assure reconnaître en Georges Boucheseiche (…), l'un de ceux qui l'ont kidnappé en 1963 à Munich. Erreur sur la personne compréhensible, car l'un des officiers du commando SM était chauve... comme Boucheseiche. Elle est dûment exploitée : les barbouzes gaullistes seraient décidément partout ! »[8]

L'arrestation du général du général Raoul Salan, chef historique de l'OAS, est toute aussi rocambolesque. Né le 10 juin 1899 à Roquecourbe dans le Tarn, il s'engage dans l'armée en 1917, est admis à Saint-Cyr et en sort aspirant en juillet 1918. Au sein du 5e régiment d'infanterie coloniale RIC), il combat notamment à Verdun. En mai-juin 1940, il lutte également avec bravoure sur la Somme au sein du 44e régiment d'infanterie coloniale mixte sénégalais

---

[8] Rémi Kauffer dans l'ouvrage collectif, sous la direction de Roger Faligot et Jean Guisnel, *Histoire secrète de la Ve République*, éditions La Découverte/Poche 2011.

(RICMS). En 1943, il est affecté à Alger au 2e Bureau de l'armée, spécialisé dans le renseignement. Au sein de la 9e division d'infanterie coloniale, il commande le 6e régiment de tirailleurs sénégalais durant le débarquement de Provence et la bataille de Toulon en août-septembre 1944. Il se distingue dans les Vosges et en Alsace durant l'hiver 1944-1945. Promu général de brigade à 45 ans le 25 décembre 1944, il prend le commandement de la 14e division d'infanterie en février 1945 et termine la guerre victorieusement en Allemagne. Commandant en chef en Indochine en 1953, puis en Algérie en 1956, il est rappelé fin 1958 en métropole. Mis à la retraite en 1960, il s'installe à Alger. Expulsé, il gagne Madrid où il créé l'OAS avec Pierre Lagaillarde et Jean-Jacques Susini. Il rejoint Alger au cours du putsch en avril 1961, puis devient le commandant supérieur de l'OAS.

« En fait, Salan, écrit Jean Ferrandi, a cru qu'entre le maintien d'un statu quo périmé et la remise brutale de l'Algérie entre les mains du FLN, il existait une gamme de solutions intermédiaires, susceptibles d'assurer à la fois la coexistence harmonieuse des deux communautés, le maintien de la présence française et la satisfaction des revendications essentielles de la population musulmane. »[9]

Entré dans la clandestinité la plus totale, Salan est trahi par l'adjudant-chef Jean-Marie Lavanceau. Entré à la Sûreté nationale, ce dernier est en 1961 adjoint du capitaine Geronimi, chargé des musulmans à la préfecture de police

---

[9] Jean Ferrandi, *Six cents jours avec Salan*, éditions Fayard 1969.

de Paris. En novembre 1961, Lavanceau se rend à Alger. Il voit l'ancien sous-préfet, Jacques Achard, l'un des chefs de l'OAS d'Alger. Tout a été conçu par Geronimi qui sait que Salan espère gagner des musulmans à sa cause. Ce sera l'appât pour approcher le chef de l'OAS. Achard, très entiché lui aussi de fraternisation franco-musulmane, se fait le complice involontaire de l'opération. Il insiste plusieurs fois auprès de Salan pour qu'il accepte de rencontrer Lavanceau. Prétexte : celui-ci aurait un message très important de dissidents du FLN, le Front algérien d'action démocratique (FAAD), organisme créé en fait par le cabinet du Premier ministre. Le capitaine Jean Ferrandi, aide de camp du général Salan pendant l'OAS, ayant flairé un piège, Lavanceau se présente ensuite en tant que porteur d'un message de dirigeants du Mouvement national algérien (MNA), organisation concurrente du FLN.

Sollicité par Achard, Salan donne son accord. Le vendredi 20 avril 1962, à midi, Lavanceau est introduit dans un studio au rez-de-chaussée d'un immeuble au 23, rue des Fontaines, à Alger. Le général et Mme Salan occupent un appartement au dernier étage. Salan est là. Lavanceau considère, stupéfait, l'ancien commandant en chef. Ses cheveux teints, son épaisse moustache noire l'ont complètement changé. Lavanceau, qui n'a pas grand-chose à dire, essaie de prolonger l'entretien. Quand le général se lève, un peu déçu, il aperçoit des gendarmes dans le hall de l'immeuble. Lavanceau bondit en criant : « Entrez le prendre, il est là ! » Ne connaissant pas le lieu du rendez-vous, Lavanceau s'était simplement fait suivre par une voiture radio de la police. Lavanceau est mort le 30 mars 1989, dans son lit. Condamné à la détention criminelle à perpétuité le 23 mai 1962, le général Salan est finalement libéré le 15 juin 1968, puis décède au Val-de-Grâce le 3 juillet 1984.

Les accords d'Évian n'apportant aucune garantie pour les Occidentaux et les musulmans favorables à la France, on assiste alors à un départ massif vers la métropole. Le 1er juillet 1962, l'indépendance de l'Algérie est solennellement proclamée. Le drame n'est pas terminé. L'heure de la vengeance sonne. Partout, dont à Oran en particulier, des Occidentaux et des musulmans francophiles sont massacrés dans des conditions horribles. L'armée française, ligotée par des instructions impératives, intervient rarement. Le général de Gaulle a lui-même précisé, le 24 mai 1962, en plein conseil des ministres, que « la France ne doit avoir aucune responsabilité dans le maintien de l'ordre après l'autodétermination. Elle aura le devoir d'assister les autorités algériennes, mais ce sera de l'assistance technique. Si les gens s'entre-massacrent, ce sera l'affaire des autorités algériennes ».[10] Les supplétifs musulmans de l'armée françaises, dont les harkis, sont ainsi désarmés par leurs officiers et sous-officiers français, livrés à la vengeance du FLN : 10 000 à 150 000 d'entre eux sont massacrés avec des raffinements de cruauté. Actuellement, les historiens s'accordent à évaluer de 10 000 à 30 000 ou de 60 000 à 70 000 le nombre de harkis tués. On estime à 15 000 ou 20 000 le nombre de familles de harkis, soit

---

[10] Archives nationales, Paris.

91 000 personnes, ayant pu s'établir en France de 1962 à 1968.

La guerre d'Algérie prend fin sur un paradoxe. Le conflit d'Indochine s'achève par une défaite militaire française à Diên Biên Phu en 1954, mais par un demi-succès diplomatique par la suite. La situation est renversée en Algérie, avec une victoire militaire française sur le terrain et une défaite politique et diplomatique par la suite. L'espoir d'une association, sans parler d'une intégration, s'effondre. Indépendamment du départ massif des Européens, la France perd tous ses atouts militaires, économiques et culturels en Algérie. Le FLN fait table rase du passé et se livre au pari de l'indépendance absolue. Une partie de l'armée française a le sentiment d'avoir été flouée, odieusement trompée. L'autre parti estime qu'avec l'indépendance des anciens protectorats et de l'Afrique noire, il devenait de plus en plus difficile de conserver le bastion algérien étroitement attaché à la France.

Favorable au maintien de l'Algérie française, le général Paul Grossin, patron du SDECE, est accusé d'avoir apporté une aide discrète à certains soldats perdus de l'OAS. À l'inverse, le SDECE aurait lutté contre les barbouzes de De Gaulle, de Pierre Lemarchand et de Roger Frey. À ce titre, une perquisition est menée par la Police judiciaire au siège des services secrets français, une première dans leur histoire, afin de rechercher certains documents pouvant compromettre le SDECE dans son rôle : le général Grossin y assiste en grand uniforme pour montrer sa réprobation ! En janvier 1962, il est débarqué de son poste, contre l'avis de Michel Debré et de Constantin Melnik qui se retrouvent encore plus isolés face au problème algérien. Le gouvernement Debré ne se prolonge d'ailleurs que de quelques mois, jusqu'en avril. Le général de Gaulle a besoin d'hommes sûrs pour mettre fin à la guerre d'Algérie. La direction du SDECE est alors confiée au général Paul Jacquier, un proche de Jacques Foccart. Grossin se voit ensuite confier des mandats de président ou d'administrateur de diverses sociétés publiques. Retiré à Neuilly-sur-Seine, il décède le 24 janvier 1990 à l'âge de 89 ans.

2

L'AFFAIRE BEN BARKA

En mai 1956, le Maroc, ancien protectorat français, obtient officiellement son indépendance. Les deux pays conservent de bonnes relations, alors que la fin de la présence française en Algérie s'est terminée dans les larmes et le sang. En 1957, le sultan du Maroc prend le titre de roi sous le nom de Mohamed V. Son fils Hassan II lui succède en 1961.

Le principal opposant à ce régime monarchiste est à l'époque Medhi Ben Barka, né en janvier 1920 à Rabat. Issu d'une famille de la classe moyenne, avec un père commerçant et une mère femme au foyer, il devient professeur de lycée. D'abord proche du Palais, il enseigne au Collège royal, avec le futur roi Hassan II parmi ses élèves. Parallèlement, il s'engage en politique contre le protectorat français. En 1943, il participe à la création d'un parti favorable à l'indépendance du Maroc. En 1955, il fait partie des principaux négociateurs qui permettent le retour du futur roi Mohammed V, que les autorités françaises avaient exilé à Madagascar. De 1956 à 1959, il préside l'Assemblée consultative du Maroc.

En 1959, Medhi Ben Barka fonde l'Union nationale des forces populaires (UNFP). La monarchie en place, le jugeant trop à gauche, le pousse à s'exiler à Paris. À la mort du conservateur Mohamed V, Hassan II montre sur le trône et annonce son désir de faire la paix avec Ben Barka, qui décide de rentrer au Maroc en mai 1962. Cependant, sa présence dérange les éléments les plus conservateurs du régime, dont les services secrets du général Mohamed Oufkir et du colonel Ahmed Dlimi qui tentent de l'éliminer lors d'un attentat en novembre 1962. Craignant de plus en plus pour sa vie et surtout celle de sa famille (sept enfants et une épouse), il s'exile à nouveau. Les services secrets marocains l'accusent de complot contre la monarchie. Il est même condamné à mort par contumace en mars 1964.

Medhi Ben Barka se rend d'abord à Alger, où il rencontre Che Guevara, Amilcar Cabral et Malcom X, des adversaires résolus des régimes réactionnaires et colonialistes. Il va ensuite au Caire, à Rome et Genève, où il échappe de nouveau à plusieurs tentatives d'assassinat. À la Havane, il tente de fédérer les mouvements révolutionnaires du Tiers-Monde en vue d'une conférence devant se tenir à Cuba en janvier 1966. Il définit ses objectifs, reposant sur l'aide aux mouvements de libération du Tiers-Monde, le soutien au régime castriste, la liquidation des bases militaires étrangères et l'abolition de l'apartheid en Afrique du Sud. En avril 1965, il bénéficie, en principe, d'une amnistie générale accordée par le roi du Maroc à tous les prisonniers et exilés politiques. À ce titre, le 25, il rencontre à Francfort le prince Moulay Ali, cousin et émissaire du roi, en vue de son retour au Maroc.

Cependant, les textes juridiques de l'amnistie générale ne sont toujours pas promulgués...

Durant la même période, le journaliste Philippe Bernier, homme de gauche favorable au FLN algérien et ami de Medhi Ben Barka, est contacté par un mystérieux Marocain, se présentant sous le nom de Larbi Chtouki. Il affirme résider à l'ambassade du Maroc à Paris et travailler avec le général Oufkir, devenu ministre de l'Intérieur et ancien membre de SDECE... Chtouki propose à Bernier de persuader Ben Barka de rentrer au Maroc, faute de quoi ce dernier sera enlevé en Algérie et échangé contre un certain colonel Sadok, opposant du président algérien. Chtouki propose 400 000 francs à Bernier en échange de son intervention, qui refuse l'offre et fait prévenir Sadok, Ben Barka et plusieurs de ses proches.

Lors de l'été 1965, Bernier prépare un film documentaire consacré à la décolonisation. Il en parle à Ben Barka qui s'intéresse vivement à ce projet auquel il désire participer. Bernier prend comme producteur Georges Figon, éditeur parisien et personnage douteux, qui compte parmi ses relations de nombreuses personnalités de l'intelligentsia de gauche. Il prétend pouvoir obtenir un financement du producteur italien Cino Del Duca. Figon amène à Bernier le cinéaste Georges Franju et assure convaincre Marguerite Duras d'écrire les dialogues.

Le 2 septembre 1965, Bernier et Figon doivent se rendre au Caire. Peu de temps avant le départ, Bernier se rend compte que son passeport est périmé. Figon téléphone alors à son ami Antoine Lopez, inspecteur principal d'Air France à Orly, qui conduit Bernier jusqu'à la préfecture de

Police, afin de lui faire obtenir un passeport séance tenante. Au Caire, Bernier présente Figon à Ben Barka. Le 20 septembre, les trois hommes se rencontrent à nouveau, mais cette fois à Genève. Avant d'embarquer à Orly, Figon rencontre l'inspecteur Antoine Lopez et l'avocat Pierre Lemarchand, un des anciens patrons des barbouzes...

Début octobre 1965, Figon se rend seul à Genève afin de présenter à Ben Barka le synopsis du documentaire, revu et corrigé, ainsi que le contrat allant avec. Il rapporte à Paris le contrat signé par Ben Barka et informe Bernier que la séance de travail sur le film débutera fin octobre dans la capitale française. Le 26, Ben Barka informe Bernier qu'il lui présentera le jeune historien marocain Thami El-Azemouri, dont la collaboration sera utile au projet. Un rendez-vous est prévu le vendredi 29 octobre à 12 h 15 dans la brasserie Lipp, 151 boulevard Saint-Germain, à Paris. Bernier informe ensuite Franju qui prévient Figon.

Ce funeste vendredi 29 octobre, Ben Barka arrive à Orly à 9 heures du matin. Il retrouve en fin de matinée l'étudiant marocain El-Azemouri dans un café des Champs-Élysées. Vers midi, les deux hommes se font déposer par un taxi à Saint-Germain. À 12 h 30, Ben Barka est interpellé sur le trottoir, devant la brasserie Lipp, par l'inspecteur principal de la Préfecture de police de Paris, Louis Souchon, et son adjoint, Roger Voitot. Les deux policiers présentent leurs cartes professionnelles, éconduisent El-Azemouri et font monter Ben Barka dans une voiture 403 banalisée, où se trouve l'inspecteur Antoine Lopez, non seulement policier mais également « honorable correspondant » du SDECE et ami de nombreuses personnalités du régime monarchiste marocain... « C'est lui qui a persuadé les deux policiers, qui connaissent son appartenance au contre-espionnage, de rendre service aux plus hautes autorités de l'État en convoyant officiellement Ben Barka à un mystérieux rendez-vous », écrit Francis Zamponi.[11]

Le leader de l'opposition marocaine disparaît pour toujours.

Le dimanche 31 octobre, Abdelkader Ben Barka, le frère de l'opposant marocain enlevé, se trouve dans les locaux de la Brigade criminelle de Paris, afin de déposer une plainte contre X pour séquestration arbitraire : « Le 22 octobre, explique-t-il au commissaire qui le reçoit, mon frère m'a téléphoné pour m'annoncer son arrivée du Caire à Genève, et pour me donner rendez-vous à Paris la semaine suivante. C'est toujours lui qui m'appelle, car je n'ai jamais su où le toucher : vivant dans une semi-clandestinité, appelé à de nombreux déplacements à travers le monde par ses fonctions de secrétaire générale du Comité de solidarité afro-asiatique et de président du comité préparatoire de la prochaine conférence tri-continentale, il préfère ne pas faire connaître ses adresses... »[12]

Abdelkader Ben Barka rappelle également au commissaire la double condamnation à mort par contumace

---

[11] Francis Zamponi dans l'ouvrage collectif, sous la direction de Roger Faligot et Jean Guisnel, *Histoire secrète de la Ve République*, éditions La Découverte/Poche 2011.

[12] Archives de la Brigade criminelle, Paris.

qui pèse sur son frère et les attentats auxquels il a échappé : « Ses activités internationales dépassent le cadre de la politique marocaine et lui valent beaucoup d'ennemis. »[13]

Peu après, Philippe Bernier explique à la Brigade criminelle qu'il avait donné rendez-vous à Medhi Ben Barka à la brasserie Lip, le jour même de sa disparition. Georges Figon, également convoqué par la police parisienne, est nettement plus fuyant : « Fréquentant écrivains, scénaristes et producteurs, écrit Frédéric Ploquin, le « producteur » Figon mène une deuxième vie liée à son parcours de voyou, en relation avec des « retraités » auxquels se joint parfois un certain Pierre Lemarchand, avocat, député gaulliste et chef occulte des barbouzes à la française. Une autre information parvient dans la foulée aux oreilles de la police : le général Oufkir, ministre de l'Intérieur du Maroc, a été aperçu à l'aéroport d'Orly le 30 octobre, au lendemain de ce qui pourrait bien être un enlèvement. Sans compter ces tuyaux en provenance de l'homme le mieux informé de la Préfecture de police, le commissaire des Renseignements généraux Jean Caille : outre Figon, un agent du SDECE, nommé Antoine Lopez, serait mêlés à l'affaire... »[14]

Le 3 novembre, Antoine Lopez, inspecteur principal d'Air France et homme à tout faire du SDECE, se présente à son tour à la Brigade criminelle. Il affirme avoir facilité

---

[13] Archives de la Brigade criminelle, Paris.

[14] Frédéric Ploquin dans *Marianne* hors-série octobre 2015, *Le dernier mystère de la Ve République*, L'affaire Ben Barka.

les déplacements au Caire et à Genève de Bernier et Figon, dans le cadre de leurs contacts avec Ben Barka. Il l'a fait à la demande d'un agent marocain, Larbi Chtouki. Finalement poussé dans ses retranchements, Lopez lâche une première petite bombe : « C'est vrai, Figon m'a un jour « glissé » que les services secrets marocains entendaient l'impliquer, moyennant finances, dans une opération visant le leader en exil de l'opposition marocaine. »[15]

Le préfet de police de Paris de l'époque, suivant de près l'affaire Ben Barka, n'est autre que Maurice Papon, ancien secrétaire général de la Préfecture de Bordeaux sous l'occupation, impliqué dans la déportation de près de 1700 juifs : rafles ordonnées et décidées par les Allemands. Couvert à la Libération pour quelques services rendus à la Résistance, Papon passe entre les mailles des filets de l'épuration... Il rend compte de l'affaire Ben Barka au ministre de l'Intérieur, Roger Frey, connu pour son action contre l'OAS avec l'aide des barbouzes et qui entretient d'excellentes relations avec un certain... général Oufkir : « Cet ancien officier français, dit-il, qui a fait montre de sentiments francophiles. »[16]

Antoine Lopez, persuadé d'être couvert, multiplie le lendemain les révélations : « J'ai guidé la Peugeot 403 de la police, avec Ben Barka à l'intérieur, jusqu'à une bâtisse

---

[15] Archives de la Brigade criminelle, Paris.

[16] Archives nationales, Paris.

cossue de Fontenay-le-Vicomte, appartenant à mon ami d'enfance Georges Boucheseiche. »[17]

Georges Boucheseiche, ancien agent français de la Gestapo, associé au grand banditisme après la guerre, utilisé ensuite par le SDECE pour certaines missions contre l'OAS, est en effet directement lié à l'affaire Ben Barka. C'est dans sa villa de Fontenay-le-Vicomte que le leader marocain est conduit le 29 octobre 1965 par les policiers Souchon et Voitot. Comme par hasard, Boucheseiche prend l'avion pour Casablanca le 1er novembre 1965, le surlendemain de la disparition de Ben Barka.

Comme le souligne Frédéric Ploquin, la Brigade criminelle de Paris se trouve face à un incroyable mélange de genres, politiques, flics, espions, voyous, qui aujourd'hui ferait scandale rien qu'en l'énonçant : « La normalité de cette époque où la République a besoin de soutiers pour effectuer ses basses œuvres (…). La ligne de conduite de la France est toute tracée. Elle ne variera jamais, ou si peu, ni sous Giscard d'Estaing, ni sous Mitterrand, ni sous aucun gouvernements qui suivront, de gauche comme de droite : les intérêts de la France avant tout, des intérêts à la hauteur de l'amitié qui lie Paris à son ancien protectorat. Même s'il s'agissait de certitudes, le risque serait trop grand, personne ne pourrait prévoir quel serait le contrecoup pour les 120 000 Français résidant au Maroc. Dans la balance, outre ces expatriés, la politique française à l'égard de ce Tiers-

---

[17] Archives de la Brigade criminelle, Paris.

Monde que ménage de Gaulle, mais surtout les sacro-saintes relations avec le royaume chérifien (marocain). »[18]

Grâce aux déclaration de Lopez, les amis de Boucheseiche mêlés à l'enlèvement sont presque tous identifiés : Julien Le Ny, quatre fois condamnés ; Pierre Dubail, une condamnation ; Jean Palisse, ancien agent de la Gestapo, huit condamnations, vivant chez Boucheseiche, qui évoque l'appel téléphonique qu'il a passé au chefs de cabinet de Dlimi et du général Oufkir, les informant de la capture de Ben Barka...

Le 4 novembre 1965, le général de Gaulle annonce à 20 heures à la télévision sa candidature à la prochaine élection présidentielle. Il ne prononce pas un mot sur la disparition de Ben Barka, qu'il a pourtant très amicalement reçu à l'Élysée un an et demi plus tôt... et à qui il s'apprêtait à ouvrir de nouveau les bras.

Au même moment, des policiers du Quai des Orfèvres interrogent deux collègues comme de vulgaires malfrats, à savoir Louis Souchon et Roger Voitot, les deux fonctionnaires qui ont intercepté Ben Barka. Souchon décide de tout raconter au directeur de la Police judiciaire, Max Fernet : « Lopez m'a raconté qu'un agitateur marocain dangereux se trouvait actuellement à Paris, qu'il avait organisé des complots contre le roi du Maroc (…). Il s'agissait de faciliter un entretien de ce Ben Barka avec le ministre marocain de l'Intérieur, qui serait accompagné du

---

[18] Frédéric Ploquin, op.cit.

chef de la Sûreté marocaine. Lopez me demandait de faire état de ma qualité de policier pour désarmer sa méfiance (…). Il a affirmé avec force que cette rencontre avait lieu sous couvert d'un service français. »[19]

Une question demeure : comment Medhi Ben Barka a-t-il été tué, quand et par qui ? Soit la victime est décédée avant l'arrivée des deux hauts dignitaires marocains, dans ce cas l'auteur du crime est l'un des gangsters présents dans la villa de Fontenay-le-Vicomte, soit elle est morte après, et l'assassinat est imputable au patron de la police marocaine, premier sur place, ou au ministre de l'Intérieur, arrivé plus tard. L'arme du crime n'a jamais été retrouvée, ni le cadavre. Qu'a-t-on fait du corps de Ben Barka ? Soit on a enterré le corps dans les environs ou un peu plus loin à bord d'une voiture diplomatique, soit on a rapatrié le corps au Maroc, par avion militaire, pour se protéger d'une découverte ultérieure ? L'écrivain et ancien commando de marine, Georges Fleury, déclare dans un entretien au *Journal du Dimanche* du 11 octobre 2009, qu'un inconnu lui aurait remis, en 1974, des documents indiquant que Ben Barka avait été incinéré dans l'Essonne à Villabé.

Les faits mettent directement en cause la Préfecture de Police de Paris qui, connaissant les menaces pesant sur Ben Barka, a fourni les policiers et le véhicule officiel réclamé par Antoine Lopez. Le SDECE, soupçonnant depuis longtemps les intentions du gouvernement marocain envers son principal opposant, ne se trouve pas moins impliqué

---

[19] Archives de la Police du Quai des Orfèvres, Paris.

dans l'enlèvement. Lopez n'est-il pas un «honorable correspondant» du service en question. « Ces deux institutions, écrit Francis Zamponi, seront d'ailleurs sanctionnées : la Police de Paris y perdra une grande partie de son autonomie ; et le SDECE, dont la direction sera remaniée, échappera à la tutelle du Premier ministre pour passer sous celle du ministre des Armées, à l'époque le fidèle gaulliste et ancien légionnaire Pierre Messmer. »[20]

Devant les journalistes, le général de Gaulle minimise volontairement une opération des services secrets marocains, qui s'est déroulée sur le territoire français, avec pourtant l'accord implicite d'éléments du SDECE. Mais lors d'un conseil des ministres en janvier 1966, il entre dans une sainte colère : « Frey est marié avec sa police. Il ne la commande pas, il la défend ; il utilise des artifices pour expliquer que les choses vont bien, qu'on ne peut pas faire autrement, etc. Mais ce n'est pas vrai. Il est tout à fait inadmissible que ses types ne soient pas bouclés et tenus. Nous serons obligés de nous en séparer (…). Le SDECE, c'est un secteur qui ne va pas du tout. Alors, remis sous l'autorité des armées, cela rentrera un peu dans l'ordre ; on balaiera tous ces zigotos de civils qui ont pris leurs habitudes et se camouflent dans ces services. On va y remettre un peu d'autorité et de discipline et, quand cela ne marchera pas, on foutra dehors ceux qui n'avanceront pas droit. »[21]

---

[20] Francis Zamponi, op.cit.

[21] Archives nationales, Paris.

Le 8 novembre 1966, les journalistes Jacques Derogy et Jean-François Kahn, enquêtant sur l'affaire Ben Barka, publient dans le magazine *l'Express* un article qui dénonce « un scandale politique » derrière ce qui aurait pu apparaître comme un crime crapuleux.

La justice française inculpe treize personnes, dont du côté français les policiers Louis Souchon, Roger Voitot et Antoine Lopez, ainsi que son officier traitant du SDECE, Marcel Leroy-Finville. Le truand professionnel, ancien gestapiste, compagnon des barbouzes gaullistes, Georges Boucheseiche, réfugié au Maroc, est condamné par contumace à la réclusion à perpétuité. Il serait décédé au Maroc en 1972. Georges Figon, l'éditeur escroc organisateur du piège tendu à Ben Barka, est découvert mort en janvier 1976, opportunément « suicidé »...

Côté marocain, la justice française poursuit et condamne par contumace le général Mohamed Oufkir, ministre de l'Intérieur, et Ahmed Dlimi, directeur général de la Sûreté.

Non seulement traqué et surveillé par les services secrets français et marocains, Ben Barka a intéressé le Mossad israélien et la CIA américaine, qui communiquaient des informations à Rabat et Paris.

3

JACQUES FOCCART ET LES AFFAIRES AFRICAINES

En 1960, la France accorde l'indépendance à ses anciennes colonies d'Afrique noire, à savoir le Cameroun le 1er janvier, le Togo le 27 avril, le Dahomey (actuel Bénin) le 1er août, la Haute-Volta (actuel Burkina Faso) et le Niger le 5 août, la Côte-d'Ivoire le 7 août, le Tchad le 11 août, l'Oubangui-Chari (actuelle République centrafricaine) le 13 août, le Moyen-Congo (Congo-Brazzaville) le 15 août, le Gabon le 17 août, le Sénégal le 20 août, le Soudan français (Mali) le 22 septembre, la Mauritanie le 28 novembre et Madagascar le 14 décembre. La Guinée est libre depuis le 2 octobre 1958. Mais pour le général de Gaulle et son entourage politique, il s'agit avant tout de préserver, sous une autre forme, les intérêts français aussi bien économiques que stratégiques dans ces pays francophones. En géopoliticien hors pair, Charles de Gaulle pratique un « néocolonialisme », reposant sur une zone d'influence dans laquelle la France est souveraine, en-dehors des deux blocs, américain et soviétique. Les services secrets français montent en première ligne pour décapiter les partis africains qui menacent l'influence tricolore. Outre les intérêts économiques, l'armée française conserve des bases dans certains de ces pays faisant partie de la Communauté franco-africaine voulue par le général de Gaulle dès 1958.

De Gaulle a besoin d'un homme à poigne pour réaliser son grand dessein gaullien en Afrique. Il le trouve en la personne de Jacques Foccart. Né le 31 août 1913 à Ambrières-le-Grand (aujourd'hui Ambrières-les-Vallées) en Mayenne, il est le fils d'Elmire de Courtemanche, une créole guadeloupéenne, et de Guillaume Koch-Foccart, maire de Gourbeyre en Guadeloupe de 1908 à 1921. « Ce qui est certain, écrit Patrick Pesnot, c'est que la famille Koch-Foccart est originaire d'Alsace. Jacques obtiendra de se débarrasser du patronyme germanique et de s'appeler simplement Foccart. »[22]

Jacques grandit dans le château du Tertre en Mayenne, appartenant à la famille, alors que ses parents sont repartis en Guadeloupe. Il y reste trois ans, jusqu'à la mort de son grand-père. Puis on l'envoie retrouver ses parents en Guadeloupe. L'enfant découvre la société antillaise. Il a six ans lorsque son père et sa mère reviennent avec lui en métropole. Élève du lycée catholique de l'Immaculée-Conception de Laval d'avril 1921 à avril 1935, il entre dans la vie professionnelle comme cadre commercial chez Renault, puis dans une société d'import-export traitant avec l'Outre-Mer.

---

[22] Patrick Pesnot, *Morts suspectes sous la Ve République*, éditions Nouveau Monde poche 2011.

Jacques Foccart accomplit son service militaire durant les années trente avec le grade de sergent. En août 1939, il est mobilisé à Chanzy-sur-Marne comme sous-officier à l'état-major de l'armée de l'air. Après l'armistice de juin 1940, il est démobilisé et s'installe un temps à Paris. En 1941, il fonde avec Henri Tournet une affaire d'exploitation de bois dans l'Orne, couvrant soixante hectares, avec une main d'œuvre importante. À l'automne 1942, l'entreprise travaille pour les Allemands de l'Organisation Todt, chargée de la construction du Mur de l'Atlantique. Suspecté d'escroquerie par l'occupant, il est écroué avec son associé en août 1943 à Argentan et Saint-Malo, puis sont libérés sous caution, moyennant une transaction d'un million de francs et la réquisition de leur entreprise. La police judiciaire française de Rouen enquête sur la possible implication de Foccart et Tournet dans le meurtre en 1944 de François Van Aerden, un ancien agent consulaire de Belgique au Havre, qui aurait été témoin d'un trafic douteux entre leur entreprise et un officier allemand de l'Organisation Todt. En l'absence de preuves probantes, le dossier est classé sans suite. En mai 1944, Foccart fonde une société d'import-export, qui va prendre le nom de Safiex en octobre 1945 et sera la base de son activité professionnelle par la suite.

Dès 1942, Jacques Foccart prend contact avec la Résistance en Mayenne. Il devient l'adjoint de Régis des Plas au sein d'un réseau couvrant la zone Centre et Sud. Il rejoint en 1943 le Bureau central de renseignements et d'action (BCRA), le service secret de la France libre. Lors du débarquement de Normandie en juin 1944, il participe à des embuscades et des sabotages contre les troupes allemandes, se replie en Mayenne avec deux aviateurs américains qu'il conduit ensuite à la rencontre des avant-gardes des divisions alliées. Entre la mi-juillet et fin août 1944, il combat avec une division américaine et termine la guerre avec le grade de lieutenant-colonel. Après la libération de Paris, il intègre les nouveaux services secrets français, à savoir la DGER (Direction générale des études et recherches), future SDECE. Il se trouve sous les ordres de Jacques Soustelle, un gaulliste historique. En décembre 1945, il parvient à obtenir de l'État français le remboursement de la caution versée à l'occupant en 1943. Il participe à diverses missions pour le compte des Alliés et de la DGER, rencontre nombre de personnalités, comme Jacques Chaban-Delmas, Gaston Palewski, Michel Debré, tous proches du général de Gaulle.

Jacques Foccart devient un des hommes de confiance du général de Gaulle. Entre 1947 et 1954, il est responsable de l'implantation du parti gaulliste le RPF (Rassemblement du peuple français) aux Antilles et en Guyane, où il accomplit plusieurs déplacements et noue de solides relations avec ces départements d'Outre-Mer. Il s'occupe également des questions africaines au RPF dès 1954. Fondateur du SAC (Service d'action civique, véritable service d'ordre du mouvement gaulliste) avec Achille Peretti et Charles Pasqua, il sera directement mis en cause dans l'assassinat de Robert Boulin en octobre 1979.

Après l'indépendance de l'Algérie en 1962, la France perd l'exploitation du pétrole saharien. Charles de Gaulle décide de renforcer ses relations avec les anciennes colonies françaises d'Afrique noire, qui regorgent de richesses minières et pétrolières. Jacques Foccart, en tant que secrétaire général à la présidence de la République pour les affaires africaines et Malgaches depuis 1961, a pour mission de maintenir la stabilité politique des pays africains favorables à la France. Cette volonté de puissance gaullienne est confortée par le souhait des pays de l'Otan, dans le contexte de la guerre froide, de barrer la route de l'Afrique au communisme soviétique. Ainsi, la France est investie de la mission de « gendarme de l'Afrique », en échange de quoi son activisme énergétique autoritaire est toléré par les États-Unis et les autres puissances occidentales. Dans cette mission hautement stratégique, Jacques Foccart s'affirme comme l'indispensable « Monsieur Afrique » du gaullisme, véritable homme de l'ombre du général de Gaulle. Il orchestre avec brio et sans états d'âme le soutien des régimes africains francophiles et organise la déstabilisation de ceux qui sont hostiles aux intérêts français. Bénéficiant de moyens humains et financiers considérables, il a la haute main sur les services secrets gaullistes et la diplomatie française. Il s'impose comme l'indispensable courroie de transmission entre les chefs d'états français et africains, au point que l'on peut dire de lui qu'il est, après le général de Gaulle, l'homme le plus influent de la Cinquième République.

« Foccart rencontre régulièrement le Général, écrit Rémi Kauffer. Grâce à lui, « un courant mystérieux passe entre de Gaulle et l'Afrique », dira-t-on plus tard. S'établit alors une relation chaleureuse, empreinte de paternalisme, avec les dirigeants africains que l'on juge « apprivoisés » : les vieux chefs comme Félix Houphouët-Boigny (Côte-d'Ivoire) et Léopold Sédar Senghor (Sénégal), mais aussi

Modibo Keita (Mali), Léon M'Ba (Gabon), Maurice Yaméogo (Haute-Volta), Sourou Migan Apithy (Dahomey), Mamadou Dia (Sénégal), Mokhtar Ould Daddah (Mauritanie). On a même essayé d'amadouer le rebelle Sékou Touré, l'homme du « non » de la Guinée à la Communauté franco-africaine, en dépêchant à Conakry l'aimable diplomate Stéphane Hessel, lui aussi ancien responsable du BCRA... »[23]

Foccart fait du Gabon, véritable eldorado pétrolier de l'époque, la pierre angulaire de la politique africaine de la France, avec l'aide de Pierre Guillaumat, gaulliste et PDG d'Elf. Il fait installer au pouvoir Léon Mba, favorable à la France, et place à ses côtés un vice-président prometteur en la personne d'Omar Bongo. Les méthodes de Foccart, directives et expéditives, avec le soutien permanent du SDECE, rendent les chefs d'état africains dépendants de la France pour se maintenir au pouvoir. Foccart met en place une structure centralisée et cloisonnée, dont il est l'unique ordonnateur, entourée de réseaux divers, spécialisés dans le renseignement et l'action. Il puise dans les rangs du SDECE et de la diplomatie, ainsi que chez les hommes d'affaires et notables œuvrant localement. Pour l'action, aux côtés du SDECE, des mercenaires, ancien baroudeurs de l'armée française, sont fréquemment utilisés.

Ce puissant système d'influence de la France en Afrique, appelé « Françafrique », fait l'admiration des services secrets américains et ceux d'autres pays, sans

---

[23] Rémy Kauffer, *Histoire secrète de la Ve République*, op.cit.

parler de l'efficacité redoutable de l'armée française dans la lutte contre la guérilla et la rébellion des groupes hostiles à la présence tricolore sur le continent africain.

Le cas du Cameroun est particulièrement significatif de la toute-puissance française en Afrique. La rébellion anti-française fait tache d'huile dans ce pays, d'autant que l'opposant politique Ruben Um Nyobé, indépendantiste farouche, refuse de négocier avec son interlocuteur d'alors, le gaulliste Pierre Messmer, compagnon de la Libération et héros de la France libre. En 1958, Maurice Delauney, futur ambassadeur au Gabon et proche de Foccart, fait envoyer des commandos spéciaux, afin de détruire les bases arrières d'Um Nyobé. Le 18 septembre, des tirailleurs tchadiens commandés par le capitaine Agostini, officier français de renseignement, traquent et exécutent Um Nyobé.

Plus rien ne semble s'opposer désormais à ce que le candidat francophile, Ahmadou Ahidjo, prenne le pouvoir au Cameroun. Cependant, le sud du pays n'est pas entièrement pacifié. En janvier 1960, cinq bataillons du général français Max Briand, un ancien officier d'Indochine et d'Algérie, ratissent, brûlent et rasent divers villages du sud. Les maquis de l'Union des populations du Cameroun (UPC), mouvement farouchement hostiles à la présence française, parviennent à mener une terrible guérilla. Durant l'automne, Foccart et le général Grossin, alors patron du SDECE, décident d'engager la redoutable Main rouge, commando des basses besognes du service Action, avec la mission d'éliminer le nouveau chef de l'UPC, Félix-Roland Moumié. Le colonel Robert Roussilat, chef du service Action du SDECE, fait appel à un spécialiste des opérations spéciales, un certain William Betchel, parachutiste chevronné et ancien membre du BCRA. Il parvient à localiser sa cible, alors cachée en Suisse.

Le 15 octobre 1960, Betchel se présente au leader de l'UPC, Félix-Roland Moumié, en se faisant passer pour un journaliste suisse chargé de l'interviewer. Lors du déjeuner dans un restaurant de Genève, il verse du poison dans le verre de l'opposant africain. Moumié décède le soir même à l'hôpital. Bechtel disparaît dans la nature...

Ahidjo, le poulain de la France au Cameroun, forme sa propre police secrète, le Service de documentation et d'études de la sécurité camerounaise (SDESC), copie conforme du SDECE français, dont le patron, le policier camerounais Jean Fochivé, a été formé par le général Grossin... Ainsi, dans presque tous les états africains francophones, le SDECE infiltre et dirige indirectement les services de sécurité, comme la police, la gendarmerie, le commandement des nouvelles armées africaines, avec lesquelles sont passés des accords de coopération.

La France signe une vingtaine d'accords de défense et de coopération avec ses anciennes colonies africaines. En vertu de ces accords, l'armée française est intervenue une cinquantaine de fois sur le sol africain en l'espace d'un demi-siècle. Certaines opérations n'ont duré que quelques jours, d'autres ont donné lieu à des déploiements plus longs. Dans le cadre de l'organisation des nations unies (Onu), l'armée française s'est également manifestée un peu partout sur la planète, lors de missions de maintien de la paix, notamment au Liban durant les années 1970 et 1980, aux côtés de l'Otan en Yougoslavie durant les années 1990. La plus célèbre de ces opérations militaires extérieures, avec le soutien des services secrets français, est celle de Kolwezi au Zaïre en mai 1978.

Le 13 mai 1978, 4000 rebelles katangais, venus d'Angola, équipés de matériels soviétiques et formés par des instructeurs cubains, mettent en déroute la garnison zaïroise installée à Kolwezi, où vivent environ 3000 Occidentaux, et commettent des massacres contre les civils. En France, le président Giscard d'Estaing est alerté. Afin de protéger ses ressortissants, il décide d'engager le 2e régiment étranger de parachutistes (REP) de la Légion, basé en Corse et placé sous les ordres du colonel Erulin. À Kinshasa, capitale du Zaïre, le président Mobutu est inquiet. Il voudrait bien régler l'affaire tout seul mais il sent bien que la situation risque de lui échapper. Seule une aide occidentale pourrait sauver l'unité de son pays, ainsi que la vie des civils et les intérêts français. À Kolwezi, la situation se détériore, les rues sont jonchées de cadavres. Les rebelles s'en prennent non seulement aux citadins zaïrois mais également aux expatriés européens, dont la plupart travaillent pour la Gécamines, une société qui extrait les richesses du sous-sol local. Les Occidentaux doivent se cacher pour échapper au massacre, malheureusement 170 d'entre eux sont tués par les rebelles, ainsi que 700 civils africains.

Le 19 mai, à 14 heures 30, la première vague de parachutistes français du 2e REP, composée de 450 hommes entassés dans des avions français et zaïrois, saute à 250 mètres d'altitude sur l'ancien hippodrome. Immédiatement, de violents combats de rue s'engagent, permettant de délivrer les citadins zaïrois et occidentaux. Une colonne de rebelles, avec une automitrailleuse, est stoppée vers 15 heures à hauteur de la gare. Les groupes rebelles sont attaqués par des actions débordantes des paras français qui les contraignent à fuir la ville. Kolwezi est sous contrôle du 2e REP dès 18 heures. Les paras s'installent aux carrefours. Durant la nuit, les rebelles contre-attaquent mais sont stoppés par les embuscades de la Légion. Le 20, à 6 heures 30, une seconde vague de 250 paras français est larguée. Sautant à l'est de la ville, elle prend les rebelles en enfilade. Finalement, les rebelles décrochent, en abandonnant armes et matériels : 250 d'entre eux sont tués et 600 autres blessés. Les paras français s'emparent également d'un millier d'armes légères, de 4 canons, 15 mortiers, 21 lance-roquettes et 2 blindés. Le 2e REP ne compte que 5 morts et 20 blessés. C'est un succès total, sauvant la vie de plusieurs milliers d'Africains et d'Occidentaux.

Le 21 mai, les 2800 Occidentaux libérés, principalement français et belges, sont amenés sous bonne escorte à l'aérodrome. Les paras belges arrivent à leur tour alors que la bataille se termine. On découvre dans les habitations et les hôtels des dizaines de corps en putréfaction, hommes, femmes et enfants, massacrés par les rebelles. Il n'a fallu qu'une journée au 2e REP pour s'emparer de Kolwezi, chasser des rebelles plus nombreux et sauver des milliers de civils : c'est un succès complet pour l'armée française.

Le SDECE et Jacques Foccart organisent des opérations moins spectaculaires, mais aussi efficaces. En

1959, le colonel Maurice Robert, chef de poste du SDECE à Dakar au Sénégal, est en lien permanent avec le colonel Tristan Richard, responsable du secteur Afrique du SDECE à Paris. Ce dernier demande à Robert de mettre en place des antennes de renseignement dans les pays africains francophones qui seront indépendants en 1960. Il prend comme adjoints trois policiers, spécialistes de l'Afrique, Paul Roussel, Henri Anglès et Paul Vergé. Le secteur Afrique du SDECE, autonome en 1960, prend ses quartiers dans l'enceinte des Invalides, afin de mieux diriger leurs agents, sans passer par une hiérarchie parfois lente à réagir. Les nouvelles recrues sont de jeunes Africains étudiant en France, de hauts fonctionnaires. Le plus connus des « honorables correspondants » du SDECE pour l'Afrique est le mercenaire Bob Denard, qui sera présenté dans le chapitre suivant. Plusieurs officiers traitants du SDECE gèrent des réseaux de call-girls, rétribuées pour faire passer d'agréables moments à des fonctionnaires, des présidents et des ministres africains. Certaines de ces femmes, véritables amazones, ne sont pas seulement tendres et sensuelles, mais savent utiliser des moyens plus radicaux pour faire disparaître une personne gênant les intérêts de la France en Afrique. L'histoire du fonctionnaire guinéen surnommé « Sily » (l'Éléphant), travaillant pour les services secrets soviétiques et tchécoslovaques, - à la demande de son président, Sékou Touré, qui a dit non en 1958 au projet d'association avec la France, - est assez parlante. L'affaire a pour cadre un train célèbre : l'Orient-Express. Les années 1950 et 1960 sont marquées par la guerre froide, qui coupe l'Europe en deux : un bloc occidental allié aux Américains et un bloc de l'est communiste soumis à l'Union soviétique.

L'Orient-Express, par ses nombreux voyages dans les contrées balkaniques, se trouve au cœur de la scission. On est à l'époque du contrôle des changes, des passeports lus à la loupe et des visas accordés chichement, des espions et des espionnes, des frontières garnies de barbelés et de miradors, avec des sentinelles armées qui tirent parfois sans sommation.

L'Orient-Express devient l'un des très rares trains à pouvoir franchir régulièrement le Rideau de fer. Son arrivée en Hongrie est marquée par un arrêt de quatre heures à la frontière de Hegyeshalom. Une armée de douaniers soupçonneux surgit. Les ampoules électriques sont dévissées, les lavabos démontés, les lits soulevés, les tapis roulés et les voyageurs fouillés. Pour arriver à Bucarest, on doit montrer son passeport à neuf reprises.

Le 18 septembre 1960, le fonctionnaire guinéen « Sily » est retrouvé étranglé dans un wagon-lit, un bas nylon serré autour du cou. Que s'est-il passé ? On l'a vu monter en gare de Bucarest pour se rendre à Vienne, en compagnie d'une ravissante « Autrichienne », se faisant appeler « Ingrid Essinger », native d'Innsbruck, interprète et vraisemblablement espionne et criminelle, travaillant en fait comme « call-girl » pour le SDECE...

L'enquête, menée par la police autrichienne, constate que « Sily » a tenté de résister à l'agression. Mais pris par surprise alors qu'il se trouvait de dos, il a rapidement succombé, d'autant que l'étrangleuse est décrite comme une athlète, experte en arts martiaux. Les précieux documents du fonctionnaire guinéen, cachés dans la doublure de sa veste, ont disparu. Les recherches pour retrouver la suspecte ne donnent rien. On apprend cependant que les deux « amants » se sont rencontrés lors d'un séjour de ski dans le Tyrol. Fasciné par la beauté « germanique » de la belle amazone, le frêle et fringant « Sily » a succombé à toutes les tentations, sans se méfier.

La belle « Ingrid » se distingue à nouveau dans l'Orient-Express, sous une autre identité, en tant que « secrétaire suisse ». Sa victime, surnommée « Simone » par les agents français, est une riche et belle africaine du Sénégal, travaillant en secret pour les Soviétiques. Le SDECE craint qu'elle obtienne sur l'oreiller de précieux renseignements sur la présence militaire française en Afrique, notamment au Sénégal. « Ingrid » devient sa dame de compagnie pour mieux la surveiller et la liquider si nécessaire... À la fin de sa vie en juin 2006, « Ingrid » m'a raconté en détails la manière dont elle s'est occupée de sa cible... Un jour de septembre 1961, les deux femmes se trouvent dans un des wagons-lits de l'Orient-Express à destination de l'Autriche. Une dispute éclate : « Simone » soupçonne sa dame de compagnie de lui avoir volé l'un de ses colliers.

- Je pourrai te congédier au plus vite, dit-elle d'une voix méprisante. Entre toi et moi, il ne peut y avoir rien de commun.

- Rien de commun entre vous et moi, répond « Ingrid ». En êtes-vous bien sûre ?

Elle plonge alors sa main dans un poche de sa veste où se trouve caché le collier.

- Je ne veux rien, dit-elle calmement. Mais, comme vous allez au wagon-restaurant pour dîner, je vais vous rendre ceci.

Mais alors qu'elle sort de sa poche le collier, elle ne le tend pas ; avec prudence elle le garde délicatement dans sa paume. Ses gestes sont sobres, mais son regard étincelant ne cesse de provoquer « Simone ». Celle-ci, perplexe et déconcertée, baisse enfin les yeux, aperçoit le collier et pousse un cri :

- Mon collier !

- Comme vous voyez, continue « Ingrid », nous avons quelque chose en commun.

- Mon collier ! répète la Sénégalaise, en portant la main à son cou par surprise et avec colère. Puis son étonnement faisant place à la réflexion, elle se redresse et demande d'un ton inquisiteur :

- Comment es-tu en possession de ce collier ?

- Vous avez deviné, répond « Ingrid » sans élever la voix, ni baisser les yeux.

- C'est-à-dire ?

- Vous pensez que je l'ai volé. Eh bien, c'est vrai, je l'ai volé ; mais comme je ne sais qu'en faire, je vous le rends.

- Donne-le moi !

D'un geste brusque et maladroit, où se mêlent la révolte et le mépris, « Simone » lui arrache le collier des mains.

Devant cette incompréhensible restitution, « Simone » reste stupéfaite, presque désarmée et, non sans un obscur regret, se sent obligée de penser que, comme « Ingrid » lui avoue le vol, elle va devoir tout lui pardonner.

Sur cette voie où sa conscience l'engage avec répugnance, elle s'arrête net et se livre de nouveau à l'appel d'une justice impitoyable. Elle a fort envie de dénoncer « Ingrid » à la justice, de la voir s'en aller menottes aux poignets pour être jetée en prison.

- La restitution de mon collier n'enlève rien à la faute que tu as commise. Je me vois donc obligée de faire ce que toute personne raisonnable ferait à ma place, en parler à la police et te dénoncer !

Elle se tait et regarde « Ingrid » froidement. Celle-ci pense : « Tu t'es condamnée toi-même », mais n'en laisse rien paraître sur son visage faussement consterné. Le vol n'est qu'un faux prétexte pour la tuer. Il ne s'agit pas d'éveiller chez la future victime sa véritable mission.

- Ne me dénoncez pas, dit-elle en donnant à sa voix un accent suppliant. Quel profit pourrez-vous en retirer ? Aucun. Et pour moi, ce serait une catastrophe.

- Il fallait y penser plus tôt, dit « Simone ». Si l'on pouvait tout se permettre et éviter ensuite les conséquences de ses actes, se serait trop facile !

- Pour l'amour de Dieu, ne me dénoncez pas !

- Je te prie de ne pas insister ! Je n'ai pas l'habitude de revenir sur mes décisions.

Ces derniers mots sont prononcés d'une voix énergique par « Simone » qui, tout en parlant, éprouve des difficultés, la tête baissée et les deux mains à la nuque, pour fixer le collier à son cou. Elle n'y arrive pas.

Alors « Ingrid » s'approche :

- Permettez-moi de vous aider...

- Ne cherche pas à m'attendrir, c'est inutile, répond « Simone ».

Mais « Ingrid » a déjà pris les deux bouts du collier ; « Simone », redressant la tête et posant les mains sur ses hanches, se résigne, avec mauvaise humeur, à la laisser faire.

- Comme c'est dur ! dit « Ingrid ».

En réalité, elle a déjà fermé l'agrafe et contemple la nuque lisse et fine de sa cible.

- Attendez, nous y sommes, dit-elle encore.

Au même instant, elle porte les deux mains en avant et, avec force, serre le cou de la veuve. Celle-ci, d'abord, plie les genoux et tombe en arrière en agitant ses bras en l'air ; puis ses deux mains cherchent sa gorge, en saisissant les doigts de l'étrangleuse. Elle parvient à se retourner et, face à sa rivale, peut la contraindre à desserrer un peu son étreinte.

- Lâche-moi, crie-t-elle alors. Lâche-moi, assassine ! Au secours ! Au secours !

« Ingrid » renverse la veuve sur le sol et l'écrase sous son poids en la chevauchant.

- Au secours ! hurle la victime encore, tandis que des soubresauts agitent ses épaules et ses jambes.

C'est là son dernier cri. Cette gorge que la tueuse serre de toutes ses forces, elle la sent encore agitée de sursauts convulsifs, et elle désespère, pleine de rage, de parvenir à ses fins quand, soudain, et plus vite qu'elle ne l'aurait cru, sa victime cesse de se débattre et laisse retomber ses bras en croix. Mais « Ingrid », dans son acharnement, n'arrête pas son élan, et reste encore un long moment à cheval sur la veuve, les mains serrant toujours le cou sans vie. Enfin, elle se redresse. Un sourire de satisfaction anime son visage. Elle ne quitte pas des yeux le corps inerte, pose même un pied sur la poitrine de sa victime en guise de triomphe. Habituée aux tâches les plus rudes, cette belle femme, au corps d'amazone, est faite pour la lutte. Elle s'empare de documents dissimulés dans une mallette, cache le cadavre sous une couverture du wagon-lit et descend, sans se faire remarquer, en gare de Vienne. « Le vol du collier n'était qu'un prétexte pour la tuer, me dit-elle sans la moindre émotion. Si j'avais été arrêtée par la police autrichienne, j'étais couverte par ce vol, sans éveiller des soupçons plus secrets... Je ne regrette rien. J'ai tué pour mon pays, pour défendre ses intérêts en Afrique ou ailleurs. J'ai lutté pour le monde libre contre la dictature communiste qui occupait hélas une partie de l'Europe et menaçait notre présence en Afrique. »[24]

Ainsi l'Afrique nous amène au cœur de l'Europe...

Le système de maillage du SDECE en terre africaine ne se contente pas de puiser des renseignements. Il passe à l'action partout en Europe, afin de protéger des menées étrangères les chefs d'état du continent africain favorables à la France : danger venant le plus souvent du bloc soviétique à l'époque...

Durant la même période, en Côte-d'Ivoire, le capitaine Gérard Bouan, inaugure une antenne du SDECE, à la demande de Foccart, afin de soutenir les services secrets ivoiriens. Au Gabon, le nageur de combat et ancien résistant Bob Maloubier, aide le président Léon M'Ba à diriger sa garde présidentielle au début des années 1960. L'ayant rencontré en avril 2006, Bob Maloubier s'est « confié » à moi de la manière suivante : « J'avais une totale liberté d'action pour servir les intérêts de la France au Gabon. Une liberté d'action qui pouvait passer par l'élimination physique... D'autant que ce pays africain représentait à l'époque un véritable eldorado pétrolier, pierre angulaire de la politique africaine de la France. Épaulé par le SDECE, je surveillais l'entourage du président M'Ba. Je devais prévenir toute tentative de coup d'état, infiltrer les opposants pour les surveiller. Cette surveillance pouvait parfois être assez brutale... Jacques Foccart couvrait toutes

---

[24] Entretiens de l'auteur avec l'agent « Ingrid » en juin 2006.

mes actions. Je n'avais qu'un seul but : servir les intérêts de la France et du Gabon, dans un monde divisé à l'époque par le bloc Est-Ouest, où tous les coups étaient permis, d'autant que les agents communistes ne faisaient pas dans la dentelle. »[25]

Son incroyable parcours mérite l'attention : Bob Maloubier, de son vrai prénom Robert, voit le jour à Neuilly-sur-Seine, le 2 février 1923. Il est le fils d'Eugène Maloubier, officier interprète, affecté durant la Grande Guerre 14-18 à l'état-major du général Haig, chef des troupes britanniques en France. Sa mère, Henriette, professeur, enseigne un temps aux États-Unis et revient en France en 1920. Bob Maloubier fait ses études au lycée Pasteur de Neuilly-sur-Seine. En 1942, il est recruté comme agent du SOE (Special Opération Executive), les services spéciaux britanniques chargés de missions clandestines dans l'Europe occupé, dont le renseignement, les liaisons radios avec Londres, l'organisation des parachutages d'armes, l'encadrement des maquis, les sabotages et les embuscades. Bob Maloubier, instruit en Grande-Bretagne, est parachuté deux fois en France comme saboteur du SOE, d'abord dans la région de Rouen en 1943, puis dans le Limousin en 1944, où il blessé au combat. En 1945, il est versé à la force spéciale 136, opérant en Asie du Sud-Est. Parachuté au Laos, il est capturé par les Japonais, puis libéré par les Alliés. En 1946, son profil de saboteur, dynamiteur et tireur d'élite intéresse la DGER (futur SDECE). Il y reste durant quinze ans. En 1947, il participe à la fondation du

---

[25] Entretiens de l'auteur avec Bob Maloubier en avril 2006.

service action du SDECE (actuelle DGSE). En 1952, il met en place l'unité de nageurs de combat d'Arzew, avec Claude Riffaud. Outre ses activités d'agent secret, il devient forestier au Gabon. En 1962, il est recruté par la société pétrolière Shell, puis termine sa carrière chez Elf. Il décède à Paris le 20 avril 2015. Ses obsèques sont célébrées le 29 avril à Saint-Louis-des-Invalides.

Au Cameroun, l'agent secret Pierre de La Houssaye, seconde efficacement l'ambassadeur Maurice Delauney. En Mauritanie, le colonel Bouteiller installe une antenne du SDECE avec pour adjoint le capitaine Paul-Alain Léger, qui s'est distingué en Algérie en détruisant une réseau du FLN grâce à une opération d'infiltration. De son côté, le capitaine Elie Molle met en place un poste du SDECE au Niger.

Afin de surveiller les opposants politiques en exil dans les autres pays du continent africain, le SDECE organise des alliances avec des pays amis, dont les services secrets portugais du président dictateur Salazar, présents au Mozambique, en Angola, en Guinée-Bissau et au Cap-Vert. Il en va de même avec les services spéciaux britanniques, installés clandestinement dans certains anciennes colonies anglaises d'Afrique. De plus, au nom de la sacro-sainte alliance anticommuniste, le SDECE établit des liens amicaux avec les services secrets d'Afrique du Sud et de Rhodésie. Le réseau Jimbo du SDECE infiltre partout les opposants aux régimes africains francophiles.

Durant quinze ans, de 1958 à 1973, les services spéciaux français mènent une guerre subversive pour renverser le dirigeant de la Guinée, Sékou Touré, et ramener ce pays dans le giron de la Françafrique. Foccart et le SDECE ont l'idée de ruiner ce pays récalcitrant en l'inondant de fausse monnaie. Sékou Touré se retrouve ruiné et aux abois.

Ce système de la Françafrique est poursuivi, avec parfois des méthodes différentes, sous les présidences de Valéry Giscard d'Estaing, de François Mitterrand, Jacques Chirac, Nicolas Sarkozy, François Hollande. Cependant, Giscard d'Estaing remplace Jacques Foccart, mais garde son adjoint René Journiac, ancien magistrat dans les colonies. Ainsi, Foccart exerce toujours de cette manière détournée son influence sur la politique étrangère française en Afrique. La cellule africaine de l'Élysée est maintenue contre vent et marée, indépendante de l'autorité du Premier ministre et du ministère des Affaires étrangères.

L'énigmatique Jacques Foccart décède à Paris le 19 mars 1997, en emportant avec lui bien des secrets... Grand officier de la Légion d'honneur, il est également décoré la Croix de guerre 1939-1945 et de la médaille de la Résistance française.

4

L'AFFAIRE BOB DENARD LE
MERCENAIRE DU SDECE

Pour maintenir la présence française en Afrique, Jacques Foccart et le SDECE ont parfois recours à des mercenaires comme Bob Denard, qui devient très vite un personnage emblématique de la lutte Est-Ouest sur ce vaste continent.

Né le 7 avril 1929 à Grayan-et-l'Hôpital en Gironde, dans le Médoc, Bob Denard est le fils d'un militaire des troupes coloniales qui, assez curieusement, était plutôt communiste, alors que son fils sera un anti-marxiste viscéral. Adolescent, Bob rejoint la Résistance locale et assiste à la terrible bataille de la poche du Médoc, du 14 au 20 avril 1945, que se livrent les troupes françaises de la brigade FFI Carnot du colonel de Milleret à la garnison allemande du colonel Prahl, retranchée dans de puissantes fortifications de Montalivet à la Pointe-de-Grave, composées de plus de 200 blockhaus, avec le soutien de 110 pièces d'artillerie et des dizaines de milliers de mines. Près de 6000 soldats allemands ou français sont mis hors de combat (tués, blessés ou prisonniers) sur les 20 000 engagés. L'aviation, la marine et les chars français

participent activement aux opérations : un véritable
« Verdun » en miniature, durant lequel un millier d'avions
alliés déversent 4000 tonnes de bombes sur les positions
allemandes, la marine et l'artillerie françaises terrestre
tirent 10 000 obus, dont plusieurs centaines de 340 mm !
Malgré ce déluge de feu apocalyptique, les Allemands,
fanatisés par leurs officiers nazis, résistent jusqu'au bout
dans leurs blockhaus. Les soldats français doivent les
déloger à découvert, au milieu des champs de mines, sous
les tirs des mitrailleuses et des barrages d'artillerie : un
véritable carnage, avec 1400 d'entre eux tués ou blessés,
contre 730 soldats allemands morts ou disparus, 3320
prisonniers ou blessés, dont 110 officiers. Profondément
marqué par cette bataille finale, le jeune Bob Denard aspire
à servir son pays par tous les moyens.

À 16 ans, en 1945, il s'engage dans la Marine nationale,
rejoint l'école des apprentis mécaniciens de Saint-
Mandrier. Breveté matelot mécanicien, il part comme
volontaire en Indochine en tant que matelot de seconde
classe. Cette colonie de l'Empire français est marquée par
un terrible conflit qui oppose les troupes françaises aux
indépendantistes communistes indochinois, soutenus par la
Chine. De 1946 à 1954, la guerre d'Indochine fait rage.
Devenu quartier-maître dans les fusiliers marins, il est
renvoyé en France pour avoir détruit un bar indochinois lors
d'une bagarre. Il quitte l'armée en 1952 et accepte une place
de conducteur d'engin et de mécanicien au Maroc. Il intègre
la police dans ce pays toujours protectorat français, puis
rejoint un groupe terroriste opposé aux indépendantistes
marocains. En 1956, accusé d'avoir participé à un complot
pour assassiner à Casablanca le président du Conseil Pierre

Mendès-France, favorable à la fin du protectorat français, Bob Denard passe 14 mois en prison. Finalement acquitté, il retourne en métropole en compagnie de sa femme Gisèle et de son fils Philippe.

Désirant toujours servir son pays, Bob Denard décide de se rendre en Afrique, dans un contexte de guerre froide opposant le bloc occidental de l'Ouest à celui de l'Union soviétique de l'Est. De 1960 à 1963, il devient mercenaire au Katanga, ancienne province belge du Congo, luttant contre les rebelles communistes. Il s'adresse d'abord au colonel français Roger Trinquier, spécialiste de la guerre contre-révolutionnaire en Indochine et en Algérie, dont les théories novatrices vont influencer l'armée américaine durant la guerre du Vietnam. Moïse Tsombé, l'homme fort du Katanga luttant contre les communistes, a recruté Trinquier pour constituer une force de mercenaires avec le soutien de Jacques Foccart. Cependant, Denard et Trinquier ne parviennent pas à s'entendre. Viré pour un temps, Denard rentre à Casablanca, où il rencontre le député gaulliste Pierre Battesti, qui lui assure qu'il va tout arranger. La sœur de Battesti, établie en Brazzaville, accueille Bob Denard à la demande de son frère : première étape en Afrique noire. Il y rencontre Alfred Delarue, policier français spécialisé dans la traque des communistes, qui organise à Brazzaville les services secrets du Sénégal, en liens bien entendu avec le SDECE.

La force de caractère de Bob Denard, son obstination et sa ferme volonté n'échappent pas à Jacques Foccart et au SDECE. Pour rencontrer le leader anticommuniste Moïse

Tsombé, Denard peut finalement compter sur Bernard Cazenave, « honorable correspondant » du SDECE.

« Lorsque Denard signe son engagement comme lieutenant dans la gendarmerie katangaise, le 26 mars 1961, il devient un élément de choix dont le SDECE confie la surveillance quotidienne au poste de Brazzaville. Parmi la fine équipe de mercenaires, on trouve des officiers en délicatesse avec l'armée française : le commandant Roger Faulques, le lieutenant Répagnol et les capitaines Henri Lasimone et Michel de Clary ainsi qu'un autre aventurier, Tony de Saint-Paul, qui trouvera bientôt la mort au Yémen. L'école des paras-commandos de Kolwezi est dirigée par un ancien du 11e Choc, le lieutenant Michel Badaire », écrivent Roger Faligot, Jean Gisnel et Rémi Kauffer.[26]

Présenté par le SDECE comme « intelligent, volontaire et courageux », Bob Denard accomplit des mois de brousse, afin de lutter contre les rebelles dix fois plus nombreux. Il est le dernier à résister après la défaite de Moïse Tshombé. Le 21 janvier 1963, il passe le pont de la rivière Kasaï, à la tête de sa force katangaise et d'une centaine de mercenaires. Les militaires portugais de l'Angola acceptent de les accueillir, après que le SDECE soit intervenu auprès des services secrets de Lisbonne et du régime politique en place. Bod Denard s'est notamment distingué en faisant défiler tous ses officiers, qu'ils soient noirs ou blancs, dans

---

[26] Roger Faligot, Jean Guisnel, Rémi Kauffer, *Histoire politique des services secrets français de la Seconde Guerre mondiale à nos jours*, éditions La Découverte/Poche 2015.

une stricte égalité, alors que jusque-là les blancs passaient toujours en premier.

En mars 1963, Bob Denard retrouve son cher Médoc, achète quelques arpents de terre autour de sa maison, roule dans une superbe DS Citroën rouge vif. Mais il s'ennuie déjà au bout de quelques semaines...

En 1962, le Yémen s'enflamme dans la guerre civile, opposant les loyalistes du régime de l'iman Mansour el-Badr aux communistes. L'Arabie saoudite, Israël, la France, la Jordanie et la Grande-Bretagne soutiennent l'iman Mansour, tandis que l'Égypte décide d'appuyer le camp opposé, en envoyant des dizaines de milliers d'hommes et de l'armement lourd. Dès l'été 1963, Bob Denard, avec la bénédiction du SDECE, part combattre les rebelles communistes au Yémen. Les services secrets britanniques, très engagés dans cette affaire, portent toutes leurs attentions sur deux mercenaires français, à savoir Bob Denard et Roger Faulques, ancien officier du 1er régiment étranger de parachutistes en Algérie. David Stirling, le prestigieux créateur des SAS (commandos) britanniques de la guerre du désert contre les troupes germano-italiennes de Rommel, est également de la partie, de même que l'aristocrate français Michel de Bourbon-Parme, ancien commando Jedburg durant la Seconde Guerre mondiale et du Service action en Indochine. Les mercenaires français peuvent compter, en partie, sur le soutien logistique de la base militaire de Djibouti. D'août 1963 à la fin 1964, Bob Denard et ses guerriers luttent comme des lions, avec seulement quelques centaines d'hommes contre les 40 000 soldats égyptiens et rebelles communistes. Ils mènent une guérilla particulièrement efficace en détruisant de nombreux chars ennemis. Mais devant la supériorité numérique écrasante de l'adversaire, les mercenaires français doivent quitter le pays.

Au Katanga, Moïse Tshombé n'est plus le marginal sécessionniste de 1960, il est devenu premier ministre du Congo en juillet 1964, avec le soutien de Joseph Mobutu, commandant en chef de l'armée et agent de la CIA des États-Unis... Or, le 24 novembre 1964, Mobutu prend le pouvoir, chasse Tshombé qui prend le maquis avec ses partisans, puis doit s'exiler en Espagne. Jacques Foccart décide de soutenir Mobutu, car en l'aidant à pacifier son pays, « la France s'ouvre la possibilité de prendre des options économiques importantes dans les régions minières ».[27] À la tête d'un commando de choc, Bod Denard, promu lieutenant-colonel, attaque les maquis de son ancien allié. Mais revirement de situation ! La France décide de ne plus soutenir Mobutu mais Tshombé, alors en exil en Espagne. Peine perdue ! Mobutu et la CIA détournent l'avion où se trouve Tshombé. Le 5 juillet, gravement blessé à la tête, Bob Denard doit être évacué vers la Rhodésie, puis à peine soigné repart au Congo. Mais il doit bientôt se replier en Angola.

La politique extérieure du général de Gaulle s'oppose non seulement à l'impérialisme soviétique sur la planète mais également à celui des anglo-américains, lorsque les intérêts français, notamment en Afrique, sont menacés. Le

---

[27] Archives nationales, Paris.

Nigéria, ancienne colonne britannique, en est l'exemple parfait, avec la guerre qui sévit dans la province du Biafra à partir de 1966. Le général de Gaulle et Jacques Foccart estiment que la puissance anglophone nigériane, forte de sa dixième place au rang des producteurs de pétrole et de sa population égalant à elle seule toute l'Afrique francophone en y ajoutant Madagascar, met en danger la Françafrique. Période également marquée par le retrait de la France de l'Otan...

En effet, outre la question du Nigéria que nous allons aborder plus loin, une crise s'ouvre entre la France et les États-Unis et la Grande-Bretagne, qui culmine en 1966, avec le retrait de la France du commandement intégré de l'Otan. Dès 1958, le général de Gaulle adresse un mémorandum au président américain Eisenhower et au britannique Macmillan, dans lequel il demande la création d'un commandement tripartite de l'Otan, afin de mettre la France sur un pied d'égalité avec ses Alliés anglo-américains. Suite au refus de deux Alliés en question, le général de Gaulle s'engage à libérer son pays de la tutelle américaine. Le 11 mars 1959, la France retire sa flotte méditerranéenne du commandement de l'Otan. En juin, le commandement américain retire hors de France 200 avions militaires, puis commence à déménager la dizaine de bases présentes également sur le sol national.

Durant la crise des missiles de Cuba en 1962, le général de Gaulle montre cependant sa solidarité avec l'Otan, en cas de conflit contre le pacte de Varsovie. Il retire néanmoins la flotte atlantique et celle de la Manche du commandement de l'Otan en 1962. En septembre 1965, il annonce lors d'une conférence de presse le retrait prochain de la France du commandement intégré de l'Otan. C'est chose faite en mars 1966, toutes les troupes américaines étant poussées à quitter le territoire national. Le siège de l'Otan s'installe à Bruxelles en décembre 1966.

Le général de Gaulle offre ainsi à son pays une marge de liberté entre les deux superpuissances de l'époque (États-Unis et Union soviétique), afin de ne pas être embarqué dans une guerre mondiale, où la France se trouverait engagée contre sa volonté.

Au Nigéria, la France soutient la rébellion, qui proclame l'indépendance de la province du Biafra le 30 mai 1967. À l'opposé, les Anglo-Américains appuient le gouvernement central, qui entend reconquérir par la force la province perdue. Le SDECE, Jacques Foccart et Bob Denart entrent dans la « bagarre ». À partir de novembre 1967, la France livre au Biafra des dizaines de tonnes d'armes et de munitions. Bob Denard participe à ces livraisons, mais ce conflit est marqué par une incessante progression des forces loyalistes, soutenues par les Anglo-Américains. Les zones contrôlées par les rebelles, appuyés par la France, se réduisent en permanence. D'autant plus qu'à partir de mai 1968, Bob Denard s'occupe plus de « casser du gauchiste » au quartier Latin à Paris avec les gros bras de Foccart, que de s'occuper de la guerre au Biafra, qui se termine par la mort d'environ un million et demi de Biafrais et de Nigérians, dont beaucoup de civils victimes de la famine...

Malgré sa défection finale dans l'affaire du Biafra, Bob Denard conserve un réel prestige dans le monde des guerriers professionnels, comme le souligne le journaliste indépendant Vincent Nouzille : « Bob Denard est une figure légendaire de ce petit monde de nostalgiques des colonies qui ont fait leurs armes dans les commandos de parachutistes ou au sein du 11e Choc. Rompu à la contre-guérilla dans les maquis, la jungle et le désert, il rejoint rapidement la brousse africaine pour mener des guerres en tant que mercenaire. En réalité, il conserve des liens étroits avec les services secrets français, lesquels sont ravis de le laisser effectuer quelques « basses besognes » au service de dirigeants bien vus par Paris. Il ne se lance dans l'aventure qu'une fois assuré du feu vert de l'Élysée et du SDECE (…). Après leurs aventures au Congo, au Yémen et au Biafra, les mercenaires, eux, essaient de se faire oublier pendant un temps. Le SDECE, en la personne de Maurice Robert, fournit à Bob Denard un faux passeport au nom d'un certain lieutenant-colonel Gilbert Bourgeaud. Officiellement exploitant agricole dans la ferme de Donguila, au Gabon, le « faux Bourgeaud » devient l'un des conseillers techniques de la garde personnelle de Bongo. Il obtient ainsi un laissez-passer pour le palais présidentiel et un permis pour acheter des armes. Il sera aussi l'un des piliers de la Société gabonaise de services, ou SGS, une société de sécurité couvée par Omar Bongo et Maurice Robert. Puis il se lancera dans d'autres coups fourrés sanglants, au Bénin et au Comores. Toujours avec l'aval du SDECE... »[28]

---

[28] Vincent Nouzille, *Les tueurs de la République, assassinats et opérations spéciales des services secrets*, éditions Fayard 2015.

Bob Denard devient l'homme fort de la République des Comores, indépendante en juillet 1975, où il intervient une première fois en septembre, afin de consolider le coup d'état d'Ali Soilih, marqué par l'arrestation du président Ahmed Abdallah. En janvier 1977, il échoue dans une tentative de coup d'état au Bénin, visant à renverser le régime en place. Il est ensuite pressenti en 1977 pour déstabiliser le régime de James Manchad aux Seychelles. En 1978, on le retrouve de nouveau aux Comores avec 43 mercenaires pour mettre fin au régime révolutionnaire de Soilih et replacer alors Ahmed Abdallah au pouvoir ! Ali Soilih est tué dans des circonstances mystérieuses le 29 mai 1978. Bob Denard organise la nouvelle la garde présidentielle des Comores, forte de 600 hommes encadrés par une poignée d'officiers occidentaux. Il se remarie sur place et se serait converti à l'islam sous le nom de Saïd Mustapha Mahdjoub, s'occupe du développement économique du pays. Son autorité est alors incontestée. Il fait installer une base logistique en faveur de l'Afrique du Sud pour ses opérations militaires contre le Mozambique et l'Angola.

« Le mercenaire, écrit Patrick Pesnot, dès son premier séjour en 1975, a été séduit par cet archipel paradisiaque, si l'on veut oublier la misère de ses habitants. Entre deux coups en Afrique ou ailleurs, il s'y installe pendant une bonne dizaine d'années et y gagne le sobriquet de « vice-roi des Comores ». Un surnom qui reflète la réalité : si apparemment Abdallah gouverne, c'est Denard qui commande ! Il dirige la garde présidentielle, seule véritable force militaire des Comores dont le mercenaire a fait son armée privée (…). Aux Comores, comme dans d'autres pays africains francophones, la garde présidentielle est une invention française. Téléguidée par les services spéciaux, on y trouve généralement des mercenaires européens désœuvrés commandant à une petite troupe autochtone très encadrée. Pour des régimes trop souvent instables, et donc menacés en permanence, elle représente une garantie de sécurité tandis qu'elle permet à l'ancien colonisateur de contrôler étroitement les chefs d'États autochtones. Sa mission, comme son nom l'indique, est d'abord de protéger le président et ses proches. Mais comme elle est indépendante de l'armée et n'obéit qu'au président et à ses conseillers, elle peut entreprendre des actions illégales, se livrer à des actes de police clandestins ou encore liquider des opposants. »[29]

Le président Abdallah brûle d'envie d'en finir avec le long règne de Bob Denard. Il craint que ce dernier le dépose et s'octroie le pouvoir dans sa totalité. Ayant le sentiment d'être prisonnier dans son propre pays, il se plaint auprès de la cellule africaine de l'Élysée. Lors d'un voyage en France, il tente de convaincre le capitaine de gendarmerie Paul Barril de l'aider à se débarrasser du mercenaire en question. Barril, informé par la DGSE de ne pas se mêler de cette affaire, refuse d'intervenir.

Bob Denard est comme par « hasard » tenu au courant de cette rencontre... Une nuit de novembre 1989, Abdallah est abattu. Quatre personnes se trouvent à ce moment précis

---

[29] Patrick Pesnot, *Les dessous de la Françafrique*, éditions Nouveau Monde-poche 2014.

dans le bureau présidentiel : Abdallah lui-même, Denard et deux de ses adjoints mercenaires. La veille, le président des Comores a téléphoné à l'un de ses contacts à Paris pour renouveler sa crainte d'être supplanté par Bob Denard.

La version de Denard de la mort du président Abdallah est la suivante : « Accompagné de mes deux adjoints, je fais irruption dans le bureau du chef de l'État afin de l'informer que l'armée risque de prendre le pouvoir. Des tirs sont entendus près du palais présidentiel. Je lui demande un ordre écrit autorisant mes propres hommes à désarmer les militaires. Abdallah hésite mais finit par signer. La discussion est vive. À cet instant, le garde du corps du président, un certain Jaffar, alerté par notre discussion orageuse, entre. Il me voit près du président, pense qu'il est en danger et tire une rafale de mitraillette. J'ai juste le temps de me jeter à terre et c'est le président qui est tué ! Ensuite Jaffar est abattu par l'un de mes adjoints. »[30]

On sait aujourd'hui que l'armée comorienne ne fomentait aucun coup d'état et que son chef, le commandant Mohamed Ahmed, se trouvait sur l'île d'Anjouan. Les coups de feu entendus autour du palais présidentiel n'auraient donc pas été tirés par des soldats comoriens mais par des mercenaires de la garde présidentielle, voulant faire croire une tentative de putsch de l'armée. Le président Abdallah abattu, Bob Denard devient l'unique détenteur du pouvoir. Mais il lui faut convaincre Paris que sa thèse d'un coup d'état militaire est l'unique vérité. À ce titre, il tente

---

[30] Entretiens de l'auteur avec Bob Denard en mai 2003.

de faire arrêter sur l'île d'Anjouan le colonel Ahmed qui refuse de se rendre et oppose une farouche résistance. Il sera finalement capturé par la suite. Cependant, le gouvernement français envisage le départ des Comores de Bob Denard et de son équipe. Seulement quelques jours après la mort du président Abdallah, quatre navires français de guerre font évacuer Denard et ses hommes vers l'Afrique du Sud.

De retour en France en 1993, Bob Denard tient à répondre devant la justice de sa responsabilité dans l'affaire des Comores. Il est donc jugé : « Mais grâce à un défilé impressionnant à la barre d'anciens des services qui le décrivent tous comme un homme d'honneur et un fervent patriote, écrit Patrick Pesnot, il n'est condamné qu'à cinq ans de prison avec sursis. Il est donc admis implicitement qu'il avait agi au nom de la France, à la demande des services spéciaux et avec l'accord des responsables politiques. »[31]

Libre en apparence, Denard est cependant soumis à un contrôle judiciaire lui interdisant de quitter le territoire français. Il en profite de renouer dans les milieux où on recrute des mercenaires, à savoir l'extrême droite, les services d'ordre, les associations d'anciens commandos, paras et légionnaires. Il crée plusieurs sociétés spécialisées dans la sécurité. Cependant, c'est plus fort que lui, il décide de retourner aux Comores, où il possède un important patrimoine.

---

[31] Patrick Pesnot, *Les dessous de la Françafrique*, op.cit.

Dans la nuit du 27 au 28 septembre 1995, Bob Denard renverse aux Comores Said Mohamed Djohar avec une trentaine de mercenaires débarqués de zodiacs. Mais pour une fois les services secrets français ne seraient pas partie prenante, du moins en apparence... L'armée française décide d'intervenir avec 600 hommes du GIGN, des commandos marine de Djibouti et du 2e RPIMA. Cerné, Bob Denard parvient à négocier, comme par hasard, une amnistie pour lui et ses mercenaires. Affaire plus que trouble : Bob Denard n'a-t-il pas agit avec l'accord de Paris afin de renverser un régime qui ne convenait plus à la France, tout en n'appliquant pas directement l'Élysée dans cette aventure ? L'armée française sauvant ensuite les apparences... Ou bien, Bob Denard, voulant prendre sa revanche, aurait décidé d'agir seul avec une poignée de fidèles, afin de laver son éviction de 1989 ?

Comme Denard n'a pas respecté le contrôle judiciaire, il passe quelques jours en prison à Paris, puis est rapidement libéré. Le président Djohard, lui, est « protégé » par les militaires français qui, au lieu de le réinstaller au pouvoir, reçoivent l'ordre de le conduire à La Réunion, tandis qu'un autre homme prend sa place avec la bénédiction de Paris.

On sait aujourd'hui que l'action de Bob Denard a belle et bien été téléguidée par Paris. Le gouvernement français reprochant à Djohard d'entretenir des liens trop amicaux avec des pays ennemis des intérêts tricolores, dont l'Iran. La France ne peut accepter que sur un archipel, faisant partie du pré carré français, s'installe un foyer islamiste.

Avant que Bob Denard ne soit vraiment trop diminué par la maladie d'Alzheimer à la fin de sa vie, je lui ai rendu visite chez lui en mai 2003, à Chennevières-sur-Marne. Voici ce qu'il m'a dit :

« J'ai toujours agi avec le feu vert des services secrets français, dans l'unique intérêt de mon pays : en toutes circonstances, y compris en septembre 1995 aux Comores ! Soldat et patriote, j'ai lutté contre le communisme soviétique et ses alliés du moment. Je n'ai pas honte de mon passé. Ma fierté c'est mon combat pour le monde libre et la France. »[32]

Avant de le quitter, j'ai le temps d'admirer ses nombreuses décorations attestant de ses brillants états de service de « soldat et patriote » : croix de guerre des théâtres d'opérations extérieures (TOE) avec 2 citations, croix du combattant volontaire de la Résistance, croix du combattant, médaille coloniale Outre-Mer, médaille commémorative de la guerre 1939-1945, médaille commémorative de la campagne d'Indochine, médaille des blessés militaires avec 2 étoiles rouges (2 blessures de guerre homologuées) etc...

Bob Denard décède d'un arrêt cardiaque le 13 octobre 2007, dans le dénuement le plus total, avec une retraite de 250 euros par mois, due à ses états de service pendant la guerre d'Indochine. Ses missions au bénéfice des services secrets français sont oubliées...

Jean-François Romans-Petit, fils du héros de la Résistance des maquis de l'Ain, le célèbre colonel Henri

---

[32] Entretiens de l'auteur avec Bob Denard en mai 2003.

Romans-Petit (compagnon de la Libération), travaille depuis des décennies en Afrique. Il a côtoyé Bob Denard et m'en fait le portrait suivant : « Dans le cadre de mes activités professionnelles sur le continent africain, plus spécifiquement ce que l'on nomme la Françafrique, j'ai bénéficié de la protection des mercenaires de Bob Denard. Je peux témoigner que cet homme de guerre n'a fait que servir les intérêts de la France, à une époque où les maquis communistes, orchestrés par Cuba et l'URSS, voulaient tout contrôler. Il a évité de nombreux massacres par son action décisive. Il aimait les Africains, n'était pas raciste tout en affichant un patriotisme gaullien sans faiblesse. Il s'est battu comme un lion contre un ennemi souvent très supérieur en nombre. Il menait ses hommes avec justesse, paternalisme et discipline. Il a eu le courage de s'engager dans des actions particulièrement périlleuses où personne ne voulait se rendre. L'Élysée a toujours été heureux de le trouver pour des missions risquées et l'a semble-t-il laissé tomber par la suite lorsqu'il était vieux et malade... »[33]

---

[33] Entretiens de l'auteur avec Jean-François Romans-Petit en juillet 2016.

5

L'AFFAIRE CACHÉE DE LA BOMBE ATOMIQUE FRANÇAISE

L'histoire de la force de dissuasion nucléaire française, aussi nommée force de frappe, débute en 1954, grâce aux efforts scientifiques amorcés par certaines personnalités politiques, comme Pierre Mendès-France, Guy Mollet, Félix Gaillard, René Coty, Jacques Chaban-Delmas et de quelques militaires comme le colonel Ailleret. Ces personnalités orientent le Commissariat à l'énergie atomique (CEA), fondé sous la directive du général de Gaulle en octobre 1945, vers des applications aussi bien civiles que militaires.

Une première directive de la Défense nationale d'octobre 1956 souligne l'importance de l'armement nucléaire. Mais c'est sous l'impulsion du général de Gaulle, en 1958, que l'aventure de la bombe atomique française prend une orientation décisive. Le général de Gaulle se fait le théoricien de la dissuasion nucléaire, où une puissance comme la France se trouve en mesure de dissuader une superpuissance de l'attaquer : la riposte nucléaire française causerait des destructions irréparables à l'assaillant, rendant l'invasion du territoire national suicidaire.

De Gaulle explique, dans une directive présidentielle du 16 décembre 1961, que « dans dix ans, nous aurons de quoi tuer 80 millions de Russes. Eh bien je crois qu'on attaque pas volontiers des gens qui ont de quoi tuer 80 millions de Russes, même si on a soi-même de quoi tuer 800 millions de Français, à supposer qu'il y eût 800 millions de Français ».[34]

Pour De Gaulle c'est par le nucléaire que la France va retrouver en partie sa grandeur, qu'elle va se hisser au rang des grandes puissances et se faire entendre sur la scène internationale. Dès 1959, il précise que la riposte nucléaire française sera tous azimuts. Le programme de 1960 prévoit ainsi la mise en place d'une « triade » fondée sur le modèle américain avec des bombardiers stratégiques Mirage IV, des fusées en silos enterrés et des sous-marins nucléaires lanceurs d'engins (SNLE).

Bien entendu les services secrets américains, britanniques et soviétiques tentent d'en savoir plus à ce sujet. L'espionnage bat son plein ! Mon père, Alain Lormier, jeune ingénieur du CEA à cette époque, me raconte les faits suivants :

« On vivait dans la crainte permanente de l'espionnage des grandes puissances, en particulier l'Union soviétique et le Pacte de Varsovie, mais également nos alliés américains et britanniques ! Le général de Gaulle voulait préserver le secret absolu de nos recherches dans ce domaine. En

---

[34] Archives nationales, Paris.

quittant mon bureau, je vérifiais toujours que ma poubelle était bien vide ! L'endroit où je travaillais était surveillé par des gardes armés qui effectuaient des patrouilles. Lorsque j'eus la responsabilité d'un poste au Sahara, où nous effectuâmes nos premiers essais en 1960, la Légion étrangère devait nous protéger aussi bien du FLN algérien que d'un ennemi venu d'ailleurs... »[35]

La première expérience atomique française se déroule en effet en février 1960 à Reggane dans le Sahara. Le premier escadron de bombardiers Mirage IV est opérationnel en octobre 1964. L'installation des premières fusées en silos enterrés du plateau d'Albion débute durant la même période. Le premier sous-marin nucléaire lanceur d'engins (SNLE), le Redoutable, est lancé le 29 mars 1967 à Cherbourg, en présence du général de Gaulle, et sera opérationnel en décembre 1971. Il entre en service dix ans après le premier sous-marin nucléaire américain. En octobre 1972, deux escadrons d'avions Mirage IIIE de la 4e escadre de chasse de la force aérienne tactique (Fatac) sont équipés de la bombe nucléaire AN 52. En 1973, 60 mirages IV répartis sur 9 bases sont désormais en alerte. Le 1er mai 1974, les premiers chars Pluton armés d'un missile nucléaire tactique entrent en service dans l'armée de terre. Le 1er octobre 1974, 2 escadrons de bombardiers Jaguar sont officiellement déclarés nucléaire tactique. Ils sont rejoints dans cette mission par un troisième escadron le 1er janvier 1981. Le 10 décembre 1978, le porte-avions Clemenceau reçoit cinq armes nucléaires AN 52, pouvons

---

[35] Entretiens de l'auteur avec Alain Lormier en avril 2015.

être utilisées par des avions Super Étendard de la Marine nationale. En juin 1981, le porte-avions Foch est à son tour équipé de l'armement nucléaire.

Au début des années 1980, la capacité effective de destruction minimale de la force de frappe française, avec 500 ogives nucléaires, est de l'ordre de 35% de la population soviétique et de 45% de la capacité de production industrielle de l'Union soviétique. L'ensemble de la force de frappe française s'articule autour de six sous-marins nucléaires lanceurs d'engins (SNLE), basés dans la rade de Brest, emportant 384 têtes nucléaires sur 65 missiles stratégiques MSBS, représentant une puissance de destruction de 44 mégatonnes ; de 18 missiles stratégiques S3 basés sur le plateau d'Albion ; de 30 missiles tactiques montés sur chars Pluton ; une soixantaine de missiles air-sol ASMP et bombes nucléaires pouvant être utilisés par les Mirage IV (34 en ligne en 1983), Mirage 2000 N, Jaguar et Super Étendard.

Suite à l'effondrement du bloc communiste, amorcé en 1990 avec la réunification de l'Allemagne et l'éclatement de l'Union soviétique l'année suivante, la guerre froide prend fin définitivement. On assiste alors à un désarmement partiel de l'armement nucléaire français, avec le retrait des missiles Pluton annoncé le 11 décembre 1991, dont les derniers seront retirés le 31 août 1993. Les essais nucléaires français en Polynésie sont abandonnés en janvier 1996. C'est 210 explosions qui ont été réalisées par la France depuis l'acquisition de l'arme atomique en 1960. En 1996, les 18 silos de missiles du plateau d'Albion dans le Vaucluse sont désactivés.

Au début du 21e siècle, les missiles sont modélisés en laboratoire. La force de frappe française repose alors sur 358 têtes nucléaires, avec 4 sous-marins SNLE (Le Triomphant, Le Téméraire, Le Vigilant, Le Terrible), embarquant chacun 16 missiles, pour un total de 288 têtes (6 par missiles), réparties en trois lots de 96 chacun. Les quatre SNLE se relaient pour des missions de patrouilles de 10 semaines environ. La puissance nucléaire totale par sous-marin est l'équivalent de 1000 fois la puissance de la bombe larguée sur Hiroshima au Japon en 1945. Sans oublier 70 missiles air-sol ASMP sur 50 avions Mirage 2000N, 10 Super Étendard et 10 Rafale. La portée des missiles stratégiques des SNLE est passée de 4000 kilomètres à 11 000 kilomètres.

Le poste de commandement se trouve sous-terre au palais de l'Élysée, au PC Jupiter. Le président de la République dispose d'un PC mobile lors de ses déplacements à l'étranger. Seul le président de la République a connaissance des codes des armes. Ces codes sont remis de façon confidentielle à son successeur lors de la passation de pouvoir.

Avec une maintenance de 300 missiles nucléaires au minimum, l'armée française se situe au troisième rang mondial, derrière la Russie (2800), les États-Unis (2200), devant la Grande-Bretagne (200), la Chine (200), Israël (100 à 200), l'Inde (60 à 100), le Pakistan (60 à 100) et la Corée du Nord (5 à 10).

Ce que l'on ignore généralement c'est le rôle joué par nos alliés britanniques dans la bombe H française ! Jean Guisnel rappel les faits suivants : « Le président de la Ve

République français est bien le seul en Europe à pouvoir déclencher aussi librement le feu nucléaire. Certes, le Premier ministre britannique possède également, en principe, cette faculté. Mais ses vecteurs (sous-marins et missiles), ses essais et donc sa filière nucléaires sont dépendants de la technologie américaine. Et s'il peut, sur le papier, en décider seul l'usage, c'est beaucoup plus difficile dans les faits sans l'accord de Washington. »[36]

Cependant, le passage de la première bombe nucléaire A, celle d'Hiroshima, à la bombe H, infiniment plus puissante, ne se fait pas sans difficulté en France. À la fin des années 1960, les ingénieurs atomistes français n'ont toujours pas connaissance des travaux américains de la bombe H. Ils doivent découvrir eux-mêmes le procédé. D'autant que les services secrets américains veillent pas tous les moyens à ce que la France ne soit pas en mesure de s'équiper d'une telle arme. La politique d'indépendance nationale, prônée par le général de Gaulle, sa volonté de s'émanciper de la tutelle américaine en matière de défense et de politique étrangère, ne sont pas du goût de Washington.

« Nous étions formés au CEA dans le culte de la France grande puissance mondiale, me raconte mon père, Alain Lormier. Nous étions les chevaliers d'une arme nouvelle, devant permettre à la France de parler d'égale à égale avec les Américains, les Britanniques et les Soviétiques,

[36] Jean Guisnel dans l'ouvrage collectif *Histoire secrète de la Ve République*, op.cit.

puissances nucléaires avant nous. Nous étions les jeunes cadres dynamiques de la France gaullienne. Le bavardage imprudent n'était pas de mise. Il ne fallait surtout pas donner la moindre information à nos puissants rivaux. »[37]

Le général de Gaulle presse les ingénieurs du CEA à découvrir le procédé de la bombe H, une bombe dite « à hydrogène » ou à fusion. Ne sentant guère d'affinité avec ce projet, ils estiment que la bombe À dont dispose la France est largement suffisante pour dissuader quiconque d'attaquer le territoire national : « Il n'est guère utile de se doter d'un équipement capable de tuer mille fois un adversaire, quand on peut le faire cent fois. »[38]

Pierre Messmer, alors ministre des Armées et ancien héros de la France libre, n'est pas tendre avec certains chercheurs français : « Une des raisons pour lesquelles nous avons mis relativement longtemps à passer de la bombe À la bombe H, c'est-à-dire de la fission à la fusion, était le fait que les savants qui travaillaient pour le CEA refusaient systématiquement toutes les études et toutes les recherches qui avaient un caractère militaire. »[39]

La vérité est sensiblement différente, comme le dévoile l'ingénieur Pierre Billaud : « En fait, ce sont les Britanniques qui ont offert la bombe H aux Français »,

---

[37] Entretiens de l'auteur avec Alain Lormier en avril 2015.

[38] Jean Guisnel dans l'ouvrage collectif *Histoire secrète de la Ve République*, op.cit.

[39] Entretiens de l'auteur avec Pierre Messmer en septembre 2003.

écrit-il dans un livre édité en 1994 et un article publié en décembre 1996 dans la revue *La Recherche*, les deux curieusement ignorés des médias à l'époque et pour cause...[40]

En 1966, les ingénieurs atomistes français pataugent dans leurs recherches sur la bombe H. Durant la même période, lors d'un cocktail en Grande-Bretagne, le scientifique britannique William Cook, un des pères de la bombe H anglaise, rencontre le général français André Thoulouze. Cook, très francophile et n'ignorant rien des difficultés rencontrées par les chercheurs français, se dit prêt à les aider. Thoulouze rend compte immédiatement de cette conversation à Henri Coleau, le directeur du service de renseignement du CEA. Les conversations entre Thoulouze et Cooks se poursuivent à la demande d'Henri Coleau. Le savant britannique ne fournit aucun document militaire au général français, mais lui révèle en termes simples une information essentielle : « La voie à suivre pour parvenir à l'explosion de la bombe H, c'est celle de la méthode Teller-Ulman, que les Français ignorent : la fameuse compression par rayons X. »[41]

Le jeune ingénieur français, Michel Carayol, a bien découvert cette solution, mais ses pairs n'y croyaient pas. Le 19 septembre 1967, une réunion ultra secrète se déroule au CEA pour discuter de l'information de William Cook et

---

[40] Pierre Billaud, *La Véritable Histoire de la bombe H française*, éditions La Pensée universelle 1994.

[41] Cité par Pierre Billaud, op.cit.

reprendre les travaux de Carayol. Cette fois la solution est trouvée. La bombe H française explose à Fangataufa, dans le Pacifique, le 8 août 1968, à la grande fierté du général de Gaulle.

Outre la francophilie affichée de Cook, on peut se demander pour qu'elle véritable raison ce dernier a dévoilé un secret militaire britannique aussi bien gardé ? Les Français sont persuadés que c'est le gouvernement anglais du Premier ministre travailliste Harold Wilson qui a poussé Cook à agir ainsi, afin que Charles de Gaulle ne s'oppose plus à l'entrée de la Grande-Bretagne dans le Marché commun européen. Londres espère amadouer le « Grand Charles » avec le cadeau de la bombe H. Mais le Général se montre inflexible : cinq mois après l'explosion de Fangataufa, il renouvelle son opposition à l'encontre des Britanniques. Lorsque le français libre Maurice Schumann, successeur d'Alain Peyrefitte à la tutelle ministérielle du CEA, dévoile à Charles de Gaulle l'importance de l'apport britannique dans la solution française de la bombe H, ce dernier, raconte Marcel Duval, « faillit avoir une embolie ».[42]

Le général de Gaulle ne pouvait admettre à l'époque que les chercheurs français aient eu besoin d'un collègue d'Outre-Manche pour permettre à la France de se doter d'une telle arme, outil militaire et politique de première grandeur.

---

[42] Marcel Duval, À la recherche d'un « secret d'État », revue *Défense nationale*, août-septembre 2004.

De nos jours, nous sommes bien éloignés de cette affaire longtemps tenue secrète. Le 27 janvier 2010, le sous-marin nucléaire français lanceur d'engins (SNLE) Le Terrible a été utilisé pour le premier tir exercice (depuis un sous-marin) du missile nucléaire stratégique M51, qui remplace le M45 : le missile a parcouru 4500 kilomètres en 20 minutes seulement. Le missile M51 porte jusqu'à 11 000 kilomètres, contre 6000 kilomètres pour le M45. En service depuis le 27 septembre 2010, le M51, d'un poids de 56 tonnes, atteint la vitesse de 19 000 km/h et une altitude de croisière de 1000 kilomètres. La charge comprend 6 à 10 têtes nucléaires TN75 de 110 kt. Soixante missiles M51 (15 par sous-marins) ont été produits de 2007 à 2016. Les caractéristiques du missile M51 permettent aux sous-marins français de réduire leurs zones de patrouille en évitant le goulet du détroit de Gibraltar, ainsi l'ouest du golfe de Bengale ou l'Amérique du Nord sont accessibles depuis la zone de patrouille Atlantique et le continent euro-asiatique depuis l'océan indien.

Récemment, un jeune ingénieur français du CEA, très bien renseigné, me confiait que les service secrets militaires américains, britanniques et russes avaient été stupéfaits de découvrir les performances du missile français M51, et de constater avec quelle facilité les ingénieurs français avaient réalisé en un temps record une telle arme.

110 | P a g e

6

LES AFFAIRES D'ESPIONNAGE DE LA GUERRE FROIDE EN EUROPE

L a fin de la Seconde Guerre mondiale laisse l'Europe divisée en deux blocs, la partie Ouest libérée par les troupes américaines, britanniques et françaises ; la partie Est occupée par les troupes soviétiques. En 1947, les États-Unis dénoncent les méthodes de Staline qui impose le communisme dans sa zone d'influence (Pologne, Allemagne de l'Est, Tchécoslovaquie, Hongrie, Bulgarie et Roumanie). Pour stopper la menace communiste, le président américain Truman propose une importante aide économique à tous les pays d'Europe, connue sous le nom de plan Marshall. Staline refuse cette aide, si bien que l'Europe se trouve rapidement divisée en deux blocs opposés. À l'Ouest, le monde libre est uni par une alliance militaire avec la création du Pacte atlantique, connue également sous le nom d'Organisation du traité de l'Atlantique Nord (Otan), de même qu'à l'Est le bloc communiste se soude militairement avec le Pacte de Varsovie.

L'Otan voit le jour le 4 avril 1949, suite à des négociations de cinq pays européens signataires du traité de

Bruxelles (Belgique, France, Luxembourg, Pays-Bas et Grande-Bretagne) avec les États-Unis, le Canada et cinq autres pays d'Europe occidentale invités à y participer (Danemark, Italie, Islande, Norvège et Portugal). Cette alliance militaire a pour vocation de défendre l'Occident contre les ambitions de conquête de l'Union soviétique. Par la suite, en réponse à la création de l'Otan, les pays du bloc de l'Est s'organisent militairement au sein du Pacte de Varsovie, fondé le 14 mai 1955, sous la tutelle soviétique.

Le siège de l'Otan, initialement situé à Londres, prend ses quartiers à Paris à partir de 1952, puis à Bruxelles en 1966, après le retrait de la France de l'Otan. Cette alliance militaire est rejointe par d'autres états, comme la Grèce et la Turquie (1952), la république fédérale d'Allemagne (1955), l'Espagne de l'après Franco (1982), bien que cette dernière collaborait précédemment avec l'Otan de façon informelle, avec l'installation de bases américaines sur son sol. En effet, l'Otan est marquée par une forte présence militaire américaine, aussi bien sur le plan conventionnel que sur le plan nucléaire, notamment en Allemagne de l'Ouest, en France (jusqu'en 1966), en Grande-Bretagne, en Italie et ailleurs. De son côté, l'armée soviétique installe également son armée dans les pays du Pacte de Varsovie.

L'article 5 de la charte de l'Otan précise : « Les parties conviennent qu'une attaque armée contre l'une ou plusieurs d'entre elles survenant en Europe ou en Amérique du Nord sera considérée comme une attaque dirigée contre toutes les parties, et en conséquence elles conviennent que, si une telle attaque se produit, chacune d'elle (…) assistera la partie ou les parties attaquées (…) y compris par l'emploi de la force armée, pour rétablir la sécurité dans la région de l'Atlantique Nord »[43]

Cette situation tendue en Europe prend le nom de guerre froide entre les deux blocs. Bien entendu, les services secrets des pays concernés se trouvent en première ligne par un intense travail d'espionnage et de contre-espionnage. On traque les espions, les agents doubles et retournés, les taupes (agents infiltrés) dans les deux camps. Du fait de sa puissance militaire conventionnelle et nucléaire, de sa présence également militaire en Allemagne de l'Ouest et à Berlin Ouest, la France est particulièrement engagée dans cette guerre secrète. Même après son retrait de l'Otan en 1966, la France n'en demeure pas moins l'alliée des États-Unis et de la Grande-Bretagne contre le bloc soviétique.

À la suite de l'effondrement du bloc communiste, amorcé en 1990 avec la réunification de l'Allemagne et l'éclatement de l'Union soviétique l'année suivante, la guerre froide prend fin définitivement. Cependant, de 1958 à 1991, la Cinquième République française aura connu des nombreuses affaires d'espionnage du fait de la guerre froide.

En 1960, le SDECE se mobilise non seulement en Afrique, afin de préserver la présence française, mais doit également faire face, avec la DST (Direction de la

---

[43] Archives militaires françaises, Vincennes.

Surveillance du territoire), au danger que représente le puissant bloc soviétique en Europe.

La DST est issue de la Surveillance du Territoire (ST), un service de police créé en 1934 par le gouvernement de Gaston Doumergue et renforcé en 1937 par le Front populaire. La ST arrête de nombreux espions nazis de 1933 à 1940. Plusieurs de ses membres rejoignent ensuite la Résistance. La DST succède à la ST par une ordonnance du 16 novembre 1944, signée du général de Gaulle. Elle est confiée à Roger Wybot, qui a dirigé à Londres la section de contre-espionnage du BCRA (services secrets de la France libre) en 1941-1944. Pour la première fois, le contre-espionnage échappe totalement au contrôle de l'armée. En effet, Roger Wybot prend soin de lui assurer une totale indépendance. La DST doit identifier les résidents étrangers suspectés d'espionnage et de terrorisme ainsi que, en cas d'arrestation d'un suspect, de préparer les interrogatoires. Les grandes missions de la DST sont donc le contre-espionnage intérieur, la protection du patrimoine français industriel, scientifique et technologique, ainsi que la lutte contre le terrorisme intérieur. Outre ses services centraux de compétence nationale et ses services régionaux, la DST entretient des antennes dans certains pays étrangers. Elle dépend du Premier ministre, via le ministre de l'Intérieur, mais aussi de la direction générale de la Police nationale (DGPN). Ses effectifs varient entre 1400 à 2000 agents.

Les sept directions régionales de la DST se trouvent à Lille, Rennes, Bordeaux, Marseille, Metz, Lyon, Tours, ainsi que quatre détachements Antille-Guyane, Réunion, Polynésie et Nouvelle-Calédonie. Durant la période de

1958 à 1991, les directeurs de la DST ont été Roger Wybot (1958), Gabriel Eriau (1959-1960), Daniel Doustin (1961-1963), Tony Roche (1964-1966), Jean Rocher (1967-1971), Henri Briard (1972-1973), Jacques Chartron (1974), Marcel Chalet (1975-1981), Yves Bonnet (1982-1984), Rémy Pautrat (1985), Bernard Gérard (1986-1989), Jean Fournet (1990-1992).

Si le SDECE espionne et intervient en dehors du territoire national, notamment en Afrique comme nous l'avons vu dans plusieurs chapitres précédents, la DST contre-espionne et agit principalement en France et dans les DOM-TOM. Les deux services se complètent et se livrent parfois une réelle concurrence.

En 1958 et les années suivantes, le SDECE et la DST sont mobilisés sur le « front de l'Est », à savoir la lutte contre les espions, les agents doubles et les taupes du bloc soviétique. C'est la période durant laquelle les services secrets américains tentent d'identifier les taupes au sein des services occidentaux alliés ! Ainsi, dans leurs propres services, le SDECE et également la DST, seraient infiltrés par des taupes, d'après les Américains. Le général Paul Jacquier, qui prend la direction du SDECE en février 1962, entend faire le ménage dans ses services avec l'aide du colonel Georges Lionnet, un ancien résistant du mouvement Libération-Nord. À la DGER en 1944-1945, puis au SDECE à partir de 1946, Lionnet forme un service de sécurité, chargé de démasquer les agents retournés, les taupes etc... Avec son service d'agents triés sur le volet, il surveille les plantons, les femmes de ménage, les chauffeurs, les cuisiniers du SDECE, pouvant être des cibles faciles de retournement par les services secrets du KGB, mais également les espions français victimes des procédés les plus bas venant du bloc de l'Est. La paranoïa et la désinformation ne font qu'accroître la tension d'une situation déjà bien complexe. De plus, au début des années 1960, le colonel Lionnet et ses agents vont découvrir qu'il doivent également se méfier de leurs « amis américains » de la CIA...

En avril 1962, le président américain Kennedy fait parvenir un courrier au général de Gaulle, l'informant de la présence de quarante taupes russes dans les services secrets français ! La source de cette « bombe » provient d'Anatoli Golistine, transfuge du KGB soviétique. Golistine parle sous la tutelle de James Angleton, le chef du contre-espionnage de la CIA. Or ce dernier à la fâcheuse tendance à voir des taupes partout, y compris à la CIA. Situation pour le moins complexe lorsque l'on sait qu'un second transfuge du KGB, Youri Nossenko, explique en juin 1962 aux Américains que Golistine est un faux transfuge, chargé d'une mission de désinformation afin de tromper les Occidentaux... James Angleton, informé de cette nouvelle, pense cependant que Nossenko a été envoyé par le KGB pour ridiculiser Golistine et abuser « les ennemis capitalistes »...

Problème supplémentaire pour les Français : le même Angleton parvient à convaincre le chef en poste du SDECE à Washington, Philippe Thyraud de Vosjoli, du bien-fondé des révélations de Golistine. À Paris, on décide d'envoyer une équipe de professionnels mixte SDECE-DST interroger ce dernier. Cette équipe mixte se compose de Daniel

Doustin, patron de la DST, accompagné des commissaires Alain Montarras, Luis Niquet et Marcel Chalet, ainsi que du responsable du secteur de contre-espionnage du SDECE, le colonel René Delseny.

Golistine affirme à l'équipe française que « le général Alexandre Sakharovsky, chef du premier directoire du KGB (renseignement extérieur), s'est vanté, en juillet 1959, de posséder tous les schémas de réforme du SDECE et d'y avoir implanté un réseau nommé « Saphir », avec des agents dans l'entourage du président français. Plus ennuyeux : le Russe explique qu'à la demande de De Gaulle, une opération de renseignement scientifique, baptisée « Big Ben » et dirigée par le chef de poste du SDECE à New York, John Hervé, a été lancée contre les États-Unis. Autrement dit, la nouvelle République française serait totalement infiltrée et manipulée par les Soviétiques, en plus d'être très anti-américaine ».[44]

L'équipe française se méfie à juste titre des dires de Golistine. Daniel Doustin (DST) et René Delseny (SDECE) trouvent Golistine vaniteux et vulgaire. Il désire être décoré de la Légion d'honneur par le général de Gaulle en personne et aspire à devenir l'éminence grise des services secrets français, via le bon vouloir des Américains ! Cependant, de retour à Paris, l'équipe mixte SDECE-DST se met en chasse. Les soupçons portent sur des gaullistes reconnus, souvent diplomates, comme Louis Joxe, Georges Gorse,

---

[44] Cité par Roger Faligot, Jean Guisnel et Rémi Kauffer, *Histoire politique des services secrets français*, op.cit.

Etienne Manach, Maurice Dejean, André Labarthe. Mais ces derniers parviennent à démontrer leur fidélité indéfectible à la France gaullienne. En septembre 1963, l'enquête de la DST aboutit cependant à l'arrestation de Georges Pâques, directeur adjoint de la presse à l'Otan, qui confesse qu'il est bien une taupe.

En novembre 1963, le colonel Barazer de Lannurien, ancien agent secret en Hongrie, en Finlande et en Égypte, piloté par le colonel Lionnet du SDECE, interroge à son tour Golistine. Suite à cette rencontre, le capitaine Georges Black, chef de la cryptographie et des interceptions au sein du SDECE, est écarté du fait des soupçons qui pèsent sur sa secrétaire. Le colonel Léonard Hounau est promu chef du renseignement, devenant ainsi le numéro deux du SDECE, bien qu'il soit soupçonné par la CIA d'être également une taupe de l'Est ! Jacques Foccart est à son tour accusé par les Américains de rouler pour les Soviétiques ! Le général de Gaulle se moque en partie des accusations américaines, tout en exigeant que la lumière soit faite sur certains agents secrets français. Le « Grand Charles » estime que sa politique d'indépendance nationale, avec la sortie programmée de l'Otan et l'équipement de l'arme nucléaire, irrite profondément « l'allié » américain, capable de tous les coups tordus pour le discréditer aux yeux du monde, en le faisant passer pour un agent soviétique ou un naïf manipulé et infiltré par le KGB. Pourtant, l'arme nucléaire française vise avant tout le bloc de l'Est !

Pour calmer les esprits, le 6 novembre 1970, le comte Alexandre de Marenches est nommé à la direction du SDECE (devenu en 1982 la DGSE), par le président de la

République Georges Pompidou. Le général de Gaulle a quitté le pouvoir en avril 1969. Descendant d'une vieille famille piémontaise, installée en Franche-Comté au 15e siècle, et liée à plusieurs grandes familles de la noblesse européenne, il est le fils du capitaine Charles-Constant-Marie de Marenches, aide de camp du maréchal Foch et représentant du maréchal Pétain auprès du général américain Pershing en 1918. Sa mère, Marguerite Clark de l'Estrade, citoyenne américaine, est issue d'une famille protestante française installée aux États-Unis depuis le 18e siècle. Alexandre accomplit ses études à la prestigieuse école des Roches en Normandie, puis à Fribourg en Suisse, ce qui le met en relation avec les cercles dirigeants dès sa jeunesse. Son père décède prématurément alors qu'il n'a qu'une dizaine d'années.

Durant la Seconde Guerre mondiale, il rejoint la Résistance, en fournissant des renseignements à l'ambassade américaine à Vichy, avant de gagner l'Espagne pour ensuite se rendre en Afrique du Nord en 1942. Il participe à la campagne d'Italie en 1943-1944, où il devient l'aide de camp du général Alphonse Juin. Il est blessé au combat, fait la connaissance d'une infirmière écossaise qui deviendra son épouse quelques années après. En 1946, attaché à l'état-major de la Défense nationale, il quitte l'armée française avec le grade de colonel. Il s'occupe alors de la gestion d'une affaire familiale, une entreprise de fonderie. Devenu patron du SDECE en novembre 1970, il débute sa fonction par une importante purge, tout en conservant les éléments les plus compétents et les plus sûrs. Sa connaissance approfondie de la langue anglaise lui permet de communiquer facilement avec ses homologues britanniques et américains. Il devient l'interlocuteur de nombreux chefs d'état monde, dont le roi du Maroc Hassan II. Après l'élection de Ronald Reagan à la présidence des États-Unis, Alexandre de Marenches devient l'un de ses plus proches conseillers pour la conduite des affaires étrangères, dont notamment la lutte contre l'Union soviétique. Avec Michel Roussin comme directeur de cabinet de 1977 à 1981, il réorganise le service action et élabore une stratégie portant sur la lutte contre l'empire communiste soviétique, qu'il voit comme l'ennemi principal. Il entre en conflit avec Jacques Foccart, qui accuse Alexandre de Marenches d'être un « agent des Américains ». En juin 1981, refusant de servir le nouveau gouvernement de François Mitterrand, du fait de la présence de plusieurs ministres communistes, il quitte ses fonctions de patron du SDECE. Il continue cependant d'offrir ses conseils à divers pays étrangers luttant contre l'impérialisme soviétique. Il établit des contacts suivis avec les services secrets occidentaux et israéliens. Il décède à Monaco en 1995 d'un infarctus, à l'âge de 74 ans.

La journaliste Christine Ockrent dresse le portrait suivant de cette personne emblématique du SDECE : « Le comte de Marenches avait tout de l'aristocrate vieille école, parfaitement éduqué, doué d'un sens de la formule et de la politesse, s'il n'était pas prince, il avait appris à l'être. Pétri d'histoire et de culture militaire, de l'imagerie du Moyen Age, dont il faisait remonter ses ancêtres, il avait gardé la prestance, la faconde et l'outrance. L'appétit, aussi, et le goût de la chevalerie. Il aimait les chevaux, les femmes, et il tolérait les hommes quand ils avaient du courage. Alexandre de Marenches était né grand, corpulent et riche dans une famille d'ancienne aristocratie qui avait su par le mariage, avant que ces alliances deviennent vulgaires, refaire fortune en Amérique (…). Marenches avait hérité, outre la fortune, une familiarité naturelle et entretenue avec les grands de ce monde. Jeune homme, il en retint le goût du conciliabule, du secret partagé entre gens de même rang, et il conclut une forme d'impertinence. Il en garde aussi, profondément, en contrepartie de tant de privilèges, le sens du service. Formidable conteur, charmeur et brutal, féroce souvent, Alexandre de Marenches savait ce qu'il en coûtait de demeurer tel qu'en lui-même le survivant d'un autre temps et d'une culture disparue. »[45]

La départ volontaire d'Alexandre de Marenches du SDECE et la présence de plusieurs ministres communistes au sein du premier gouvernement du président Mitterrand inquiètent profondément les Américains en 1981. L'affaire Vladimir Vetrov tombe alors à un point nommé pour rassurer Washington de la fidélité de la France dans la lutte contre l'empire soviétique. D'autant que Mitterrand va soutenir avec force l'installation des missiles nucléaires américains Pershing en Allemagne de l'Ouest, afin de mieux contrer la menace soviétique en Occident.

Né le 10 octobre 1932 à Moscou, au sein d'une famille modeste, Vladimir Vetrov accomplit de brillantes études dans une école d'ingénieur et se spécialise en électronique. Après cinq ans de formation, il obtient un poste de cadre dans une usine de machines à calculer. Sportif accompli,

---

[45] Christine Ockrent, Le seigneur de l'ombre, *l'Express*, 8 juin 1995.

mari fidèle au début, bon père de famille et ardent patriote, il est remarqué par les officiers recruteurs du KGB qui lui font suivre une formation dans la principale centrale d'espionnage soviétique. Il y apprend l'anglais, le français et les diverses techniques des services secrets.

En 1965, il est envoyé à l'ambassade soviétique à Paris, en tant qu'attaché du commerce de l'URSS avec la France. Il recrute en fait des agents français chargés de lui fournir des informations techniques dont son pays a besoin pour rivaliser avec les Européens. La France bénéficie dans le monde d'un immense prestige dans le domaine des nouvelles recherches technologiques, dans l'armement de pointe, l'industrie aéronautique etc... Il prend contact avec des ingénieurs français pour les retourner, afin d'obtenir des renseignements précis sur des matériels de haute technologie interdits à l'exportation. Il est rapidement repéré par la DST, qui suit de près ses mouvements et ses relations. Jacques Prévost, cadre supérieur et collaborateur occasionnel de la DST, reçoit l'ordre de lui rendre divers services pour l'amadouer et mieux le surveiller. Un jour, Vetrov, éméché après une soirée bien arrosée dans Paris, endommage son véhicule de fonction dans un accident de la route, ce qui peut lui causer de très sérieux problèmes avec son ambassade. Il s'adresse à son « ami » Prévost qui fait réparer à ses frais la voiture dans l'urgence. Vetrov a désormais une dette de reconnaissance à l'égard du Français...

En 1970, Vladimir Vetrov retourne un temps à Moscou pour travailler au ministère de la technique, avant d'être envoyé au Canada dans la mission commerciale de l'ambassade de l'URSS. Il ressent cette nouvelle affectation comme un désaveu du régime communiste à son encontre. Il en conçoit une profonde amertume qui affecte rapidement sa vie professionnelle et sa vie personnelle. Souvent ivre, il est renvoyé au bout de 9 mois en Union soviétique.

Ses chefs du KGB lui accordent cependant une chance de se racheter en le nommant chef adjoint du département de l'information, en tant que responsable de l'espionnage technique à l'étranger. Il a ainsi accès à l'ensemble des sources secrètes venant des taupes occidentales. Mais son besoin toujours plus grand d'argents, son désenchantement à l'encontre du système soviétique, sa fascination toujours plus forte du monde occidental, le font basculer dans l'autre camps. Au printemps 1980, sachant que la DST française est moins surveillée par le KGB que le SDECE, il tente de nouer des contacts avec ce service de contre-espionnage. C'est alors que son ami français Jacques Prévost, dont il ignore toujours l'appartenance à la DST, se « manifeste » pour l'aider dans ce sens... Devenu directeur des ventes de Thomson CSF en URSS, Prévost bénéficie d'un réel prestige aux yeux de Vetrov, quelque peu désœuvré à ce moment de sa vie. Il propose à Prévost son aide en tant qu'agent double aux services de la France, en lui transmettant des documents secrets de son pays. La DST lui attribue le nom de code « Farewell », nom anglophone choisi volontairement, afin qu'en cas d'échec, cette affaire d'espionnage soit attribuée aux services secrets britanniques ou américains...

Prévost le met en contact avec des collègues français travaillant en URSS. Des premiers documents transmis à

Xavier Amiel, ingénieur chez Thomson-CSF en poste à Moscou, et à Patrick Ferrant, attaché militaire dans la capitale soviétique, révèlent que Vetrov accède facilement à des sources ultras secrètes de son pays. En fait, il dévoile dans la sa totalité le fonctionnement du système soviétique d'espionnage en Occident !

Lorsque François Mitterrand devient président de la République française en 1981, il est aussitôt informé de cette incroyable affaire par Marcel Cachet, directeur de la DST. Lors du sommet du G7 à Ottawa en juillet de la même année, Mitterrand raconte tout à son homologue américain, Ronald Reagan. Ce geste rassure en partie les Américains de la fidélité de la France dans la lutte contre « l'ogre soviétique », auparavant très inquiets de l'entrée de ministres communistes dans le gouvernement français. Durant l'été, la DST coopère avec les services secrets américains, en leur transmettant des informations exceptionnelles sur le niveau d'infiltration des agents soviétiques en Occident et sur le fait que la couverture radar aérienne des USA a été démasquée par le KGB ! Dans un premier temps, Reagan, méfiant, craint que la DST française soit manipulée par le KGB ! La CIA ne mesure pas immédiatement à sa juste valeur l'incroyable « cadeau » des Français. Mais devant l'ampleur des renseignements, de plus en plus précis, Reagan et la CIA estiment finalement que « c'est la plus grande affaire d'espionnage du 20e siècle, qui va contribuer à la chute de l'URSS ».[46] Ils ne tarissent pas d'éloges sur les services

---

[46] Archives nationales, Paris.

secrets français, allant même jusqu'à les présenter comme « les meilleurs du monde » ![47]

Entre 1980 et 1982, Vladimir Vetrov fournit à la France 2997 pages de documents ultras secrets de l'Union soviétique, ainsi qu'une liste de 420 agents du KGB opérant dans le monde, dont aux États-Unis et en Europe. Le 5 avril 1983, peu après la nomination du préfet Yves Bonnet à la tête de la DST, ces informations permettent à la France de faire expulser 47 Soviétiques, principalement du corps diplomatique, résidant alors sur le territoire national. Pour justifier ces expulsions, le chef de cabinet du Ministre des Affaires étrangères de Claude Cheysson, François Scheer, convoque l'ambassadeur de l'URSS à Paris et lui montre l'original de la liste des membres du KGB résidant en France. Liste transmise par Vladimir Vetrov à la DST, que François Scheer couvre cependant en refusant de communiquer l'identité de sa taupe à l'ambassadeur soviétique.

Mais Vetrov ne tient plus en place. Il craint pour sa sécurité, a peur d'être démasqué. Le 22 février 1982, il tente d'assassiner sa maîtresse Ludmilla, croyant qu'elle le trompe. Il tue un milicien du KGB qui tente de s'interposer. Le régime soviétique le fait arrêter et l'enferme dans un camp pour crime passionnel sans que les autorités ne se doutent de ses actes d'espionnage. C'est seulement un an plus tard que les enquêteurs du KGB découvrent que c'est lui l'agent double qu'ils recherchent avec détermination.

---

[47] Archives nationales, Paris.

Vladimir Vetrov aurait été exécuté d'une balle dans la nuque dans la prison de Lefortovo à Moscou, le 23 janvier 1985. Il avait alors 52 ans.

« Vladimir Vetrov, écrivent Raymond Nart et Jacky Debain, avait, c'est sûr, un comportement atypique, fantasque, c'était même à certains égards un caractériel. Son crime de droit commun n'a rien à voir avec une quelconque psychopathologie chronique. Il s'apparente davantage à celui d'un personnage puissant, physiquement et moralement, démesuré, excessif, comme l'histoire de la Russie en est peuplée, ne reculant devant aucun obstacle, fût-ce au prix de sa propre mort, pour atteindre un objectif qui en fait le dépasse. »[48]

Vladimir Krioutchlov, ancien haut responsable du système soviétique, estime que « si nous avons été vaincus, c'est que nous avons été trahis ! L'affaire Vetrov est l'élément essentiel de cette trahison. Un coup mortel porté par la DST française ».[49]

Igor Preline, un des chefs du KGB, reconnaît sans réserve que « Vladimir Vetrov a livré des renseignements très importants et très dommageables pour l'URSS. Les USA ont cherché à s'attribuer le succès de cette incroyable

---

[48] Raymond Nart et Jacky Debain, *L'affaire Farewell, vue de l'intérieur*, éditions Nouveau Monde-poche 2015.

[49] Archives de la DST.

affaire, alors que c'est la DST française qui a porté le coup fatal au KGB et au système soviétique ».[50]

Dans un ouvrage passionnant, Raymond Nart, directeur adjoint de la DST durant dix ans, et Jacky Debain, sous-directeur du contre-espionnage de la DST pendant neuf ans, détruisent le mythe d'une collaboration idyllique entre Mitterrand et Reagan sur ce dossier. Ils racontent « l'incompréhension et la méfiance de Reagan face au « cadeau » français, dont la CIA finira par mesurer la juste valeur ».[51]

---

[50] Archives de la DST.

[51] Raymond Nart et Jacky Debain, op.cit.

7

L'AFFAIRE CARLOS

L'un des plus célèbres terroristes du 20e siècle est sans conteste Carlos, né Illich Ramirez Sanchez, le 12 octobre 1949 à Michelena, au Venezuela. Il est le fils d'un riche avocat communiste (José Altagracia Ramirez Navas), très engagé dans la lutte contre le capitalisme mondial. Après une instruction primaire à domicile, il fréquente le lycée Fermin Toro à Caracas, puis rejoint le mouvement des jeunes du Parti communiste en 1959. Le baccalauréat en poche, il passe l'été 1966 dans une école de la guérilla cubaine, à Matanzas près de La Havane. Ses parents divorcent et sa mère, Elbena Maria Sanchez, l'emmène avec elle à Londres pour qu'il ait une éducation plus occidentale. Un responsable du KGB soviétique le détecte. Carlos opte finalement pour l'université Patrice-Lumumba à Moscou, un établissement formant les élites du Tiers-Monde. Mais son goût immodéré pour les femmes et l'alcool, ainsi que ses provocations antisoviétiques causent son expulsion de l'URSS.

Carlos se rend à un camp d'entraînement de guérilla du Front populaire de libération de la Palestine (FPLP), à Amman, en Jordanie. Il retourne ensuite à Londres pour suivre des cours à la Polytechnic of Central London, tout en continuant de travailler clandestinement pour le FPLP.

Personnalité caractérielle pleine de contrastes, il se veut un combattant irréprochable du Tiers-Monde, mais ferme les yeux sur les innombrables crimes commis au nom de l'idéologie communiste. Farouchement antisioniste, il se passionne pour les armes, la vie guerrière et les femmes. Narcissique et colérique, il passe rapidement d'un extrême à l'autre, faisant preuve dans bien des cas d'un immense sang-froid et d'une cruauté féroce contre ses ennemis.

En 1973, il prend la direction du FPLP pour les opérations extérieures en prenant le surnom de Carlos. Le 30 décembre, il tente d'assassiner à Londres Joseph Sieff, homme d'affaires juif, directeur de Mark et Spencer et vice-président sioniste de Grande-Bretagne. Toujours dans la capitale britannique, il se signale par un attentat à la bombe contre la banque Hapoalim. Il vient désormais de basculer dans le terrorisme. Activement recherché par la police anglaise, il se réfugie en France.

En 1974, Carlos décide de frapper à Paris : explosions à la voiture piégée devant les locaux de divers journaux, comme *L'Aurore, Minute, L'Arche...* Il attaque à la grenade le Drugstore Publicis, appartenant au patron juif Bleustein-Blanchet : on déplore deux tués et trente-quatre blessés. La DST française est sur sa piste, en vain...

Le 13 janvier 1975, à l'aéroport d'Orly, Carlos attaque au lance-roquette RPG-7 un Boeing 707 d'une compagnie israélienne, qu'il endommage. L'avion n'explose pas par miracle mais s'écrase sur une voiture. Une seconde roquette endommage également un Douglas DC-9 yougoslave. Malgré l'important dispositif de sécurité mis en place, il revient à Orly le 19 janvier 1975, accompagné de deux compagnons. Ils récupèrent un lance-roquette caché dans les toilettes et gagnent la terrasse de l'aéroport. Alors qu'ils se positionnent pour tirer sur un avion d'une compagnie israélienne, des policiers les repèrent. De nombreux échanges de tirs sont échangés avec les forces de l'ordre, touchant également des civils. On déplore 21 blessés. Les trois terroristes prennent le hall pour s'enfuir et sont finalement contraints de prendre deux personnes en otages. Ils demandent et obtiennent un avion pour partir à Bagdad.

De retour à Paris en juin 1975, Carlos compte passer de nouveau à l'action. Mais la DST le suit de près... Le 27, le commissaire de la DST Jean Herranz et deux de ses inspecteurs, Raymond Dous et Jean Donatini, se rendent au 9 de la rue Toullier à Paris. Ils sont reçus par Carlos à coups de pistolet automatique : les deux inspecteurs sont tués et le commissaire grièvement blessé. Après cette tuerie, il trouve refuge dans les locaux de l'ambassade de Cuba, d'où il peut prendre ensuite le large.

Le 21 décembre 1975, Carlos réapparait d'une manière spectaculaire sur le devant de la scène, à la tête d'un commando qui prend en otage les 11 ministres de l'Organisation des pays exportateurs de pétrole (OPEP), réunis à Vienne. Les terroristes, accompagnés de 42 otages, se font octroyer un avion de ligne DC-9 et partent en direction d'Alger. Ils libèrent trente otages et repartent avec le même avion, piloté par Neville Atkinson, ancien aviateur de la Royal Navy et devenu pilote personnel de Mouammar

Kadhafi. L'appareil atterrit à Tripoli, libérant d'autres otages, puis retourne à Alger où les terroristes obtiennent l'asile. Carlos est écarté de la section des opérations extérieures par le FPLP, qui le juge grillé. Il est vrai qu'il est recherché par toutes les polices occidentales et les services spéciaux, dont la DGSE et la DST. Carlos s'installe à Beyrouth, quitte le Liban en 1982. Son itinéraire passe ensuite par Aden, la Yougoslavie, l'Irak, la Somalie, Aden à nouveau, puis de nouveau la Libye.

« Ce type à du sang français sur les mains, il est pour vous Marolles », lance Alexandre de Marenches, patron des services secrets français, à son adjoint.[52] Leurs agents Philippe Rondot et Ivan de Lignières mènent la traque, mais l'homme semble insaisissable. Ils pensent l'enlever à Malte, où il se rend sous un faux nom à l'hôtel Eden Beach, quatre étoiles tout de même, avec piscine chauffée l'hiver, sans oublier les luxueuses salles de bains, où il passe des heures à se pomponner. Lignières a l'occasion de se trouver à dix mètres de lui ! Il pense pouvoir monter un enlèvement, mais les services spéciaux algériens et israéliens sont également présents. On assiste à un embrouillamini terrible entre les trois services secrets... Carlos parvient à se sauver en Libye. La traque continue.

Carlos reste discret jusqu'à l'arrivée d'une lettre à l'ambassade de France de La Haye, le 26 février 1982, dans laquelle il exige la libération de son bras droit Bruno Bréguet et de sa compagne Magdalena Kopp, arrêtés dix

---

[52] Archives du SDECE et de la DGSE.

jours auparavant à Paris, avec plusieurs kilos d'explosifs, prêts à commettre un attentat à la voiture piégée devant l'ambassade d'un émirat arabe. La France refusant de traiter avec lui, il décide de passer de nouveau à l'action, afin d'obtenir la libération de deux personnes en question. Une série d'attentats à la bombe frappe la France, dont le train Paris-Toulouse le 29 mars 1982 (5 morts et 77 blessés), une voiture piégée devant le siège du journal *Al-Watan al-Arabi* le 22 avril 1982 rue Marbeuf à Paris (1 mort et 63 blessés), dans un TGV de la gare Saint-Charles à Marseille le 31 décembre 1983 (5 morts et 50 blessés). Peu après, il est signalé au Yémen et en Libye.

Carlos retrouve finalement sa compagne Magdalena Kopp en 1985 à Damas, en Syrie. Avec leur fille Evita, le couple prend une semi-retraite dans un quartier résidentiel de la capitale syrienne. Mais recherché par toutes les polices occidentales, Carlos devient un hôte dérangeant pour le régime syrien, cherchant à ce moment à renouer le dialogue avec la France et les autres démocraties occidentales. En 1991, le couple trouve refuge au Soudan. Il travaille alors pour les services secrets de ce pays sous le nom de « Cheikh Hissene ».

Les services secrets français ne l'ont pas oublié. Philippe Rondot, devenu responsable des affaires arabes pour la DST, relance la traque contre Carlos. Les renseignements affluent. On apprend que ses besoins financiers sont énormes. Il paye tout en cash et en dollars. Pour le récupérer, l'opération exige six mois. Un enlèvement au Yémen ou à Chypre est envisagé, mais le terroriste décommande ses déplacements dans les deux pays.

« Finalement, écrivent Roger Faligot, Jean Guisnel et Rémi Kauffer, Rondot parvient à convaincre les Soudanais que la présence à Khartoum d'un terroriste patenté comme le Vénézuélien n'est pas de nature à améliorer l'image de leur régime à l'étranger. Argument supplémentaire à l'usage de ces islamistes militants : « Carlos » mène sur leur sol une vie dissolue. »[53]

Les obstacles sont levés et le ministre de l'Intérieur de l'époque, Charles Pasqua, donne son feu vert pour l'enlever. D'autant que depuis le 1er juin 1992, Carlos est condamné en France à la réclusion à perpétuité par contumace pour le meurtre des deux policiers de la DST le 27 juin 1975.

Le 14 août 1994, à Khartoum, la DST, dirigée alors par le préfet Philippe Parant, parvient à faire enlever Carlos, sans mandat d'extradition et avec le soutien du gouvernement soudanais, puis à le ramener dans un avion qui atterrit à l'aéroport de Villacoublay. Son incroyable capture se déroule alors qu'il est endormi pour une chirurgie plastique visant à cacher son identité. Le lendemain même, il est incarcéré à la Prison de la Santé à Paris. Sa défense est notamment assurée par le célèbre avocat Jacques Vergès. Peine perdue, il est condamné le 15 décembre 2011 à une

---

[53] Roger Faligot, Jean Guisnel et Rémi Kauffer, *Histoire politique des services secrets français*, op.cit.

nouvelle peine de perpétuité, assortie d'une période de sûreté de 18 ans. Il est transféré à la centrale de Saint-Maur le 17 octobre 2002.

En prison, Carlos se convertit à l'islam, puis se marie religieusement avec son avocate, Isabelle Coutant-Peyre. Il publie une autobiographie en juin 2003, sous le titre *L'islam révolutionnaire*, dans laquelle il soutient le terroriste islamiste Oussama Ben Laden et se attaques contre les USA. Fin 2003, il correspond avec l'écrivain Marc-Edouard Nabe. En mars 2004, il est transféré à la prison de Fresnes, puis à celle de Clairvaux le 5 janvier 2006. En mai 2009, il apporte son soutien à la liste antisioniste que Dieudonné présente aux élections européennes. Il est d'ailleurs le parrain de la deuxième fille de Dieudonné.

En février 2009, le metteur en scène français Olivier Assayas débute le tournage d'un film, destiné à la télévision sur la vie de Carlos, avec l'acteur Edgard Ramirez dans le rôle du terroriste. Le 16 janvier 2011, le film est récompensé du Golden Globe du meilleur film de télévision. Assayas, revendiquant son éducation politique situationniste et l'influence de Guy Debord, déclare que « l'action de Carlos s'inscrit dans le cadre du terrorisme d'état ».[54]

---

[54] Propos recueillis par Jean-Luc Douin, *Le Monde* du 18 mai 2010.

8

LES AFFAIRES LIBANAISES

L e Liban, ancien protectorat français, est marqué par une terrible guerre civile de 1975 à 1990, faisant entre 130 000 et 250 000 victimes. Diverses milices rivales, issues de communautés religieuses différentes, s'affrontent durant des années. Les puissances frontalières comme la Syrie et Israël interviennent et s'opposent, de même que des contingents de troupes de l'Onu ou des forces multinationales tentent de rétablir un semblant de paix. L'Iran, via le Hezbollah libanais, se manifeste également par des actes terroristes. En bref, le Liban, jadis perle économique du Moyen Orient, devient un champ de bataille et la capitale Beyrouth un champ de ruines. Les services secrets des divers pays concernés s'espionnent mutuellement dans ce petit pays de quelques millions d'habitants, accueillant une importante communauté palestinienne.

En septembre 1982, l'Onu met en place une force de maintien de la paix, dénommée Force multinationale de sécurité à Beyrouth, comprenant 2000 soldats français, 1600 soldats américains, 1400 soldats italiens et une centaine de soldats britanniques. Les trois principaux contributeurs envoient leurs soldats d'élite, parachutistes français, marines américains, bersaglieri (tirailleurs) italiens.

La force française est notamment composée de cadres aguerris et d'appelés volontaires des 1er et 9e régiments de chasseurs parachutistes (RCP). Ils installent un de leurs cantonnements dans l'immeuble Drakkar de huit étages, situé dans le quartier de Ramlet El Baida.

Le 23 octobre 1983, à environ 6 heures 18, un attentat au camion piégé frappe le 1er bataillon du 8e régiment de marines américains, basé à l'aéroport international de Beyrouth et cause la mort de 241 personnes. Environ deux minutes plus tard, 58 parachutistes français des 1er et 9e RCP trouvent la mort dans un attentat semble-t-il similaire, entraînant la destruction totale de l'immeuble Drakkar. Quinze autres paras français sont blessés et 26 indemnes.

Si le déroulement de l'attentat contre le bâtiment des marines américains est bien établi, la reconstitution du côté français patine. On estime que l'attaque aurait été réalisée à l'aide d'un camion chargé de plusieurs tonnes d'explosifs, dont le conducteur se serait fait sauter sur la rampe d'accès du bâtiment : le véhicule en question se serait soulevé dans les airs avant de retomber à sept mètres de distance. Mais une autre enquête affirme que l'immeuble en question était minée avant l'arrivée des paras français. Grave accusation, démontrant la légèreté avec laquelle le contingent français aurait occupé le bâtiment, sans prendre la peine de le sécuriser dans sa totalité !

« Sur les lieux, écrit Vincent Nouzille, les sauveteurs découvrent un spectacle de désolation. Les cadavres et les blessés doivent être extraits des ruines encore fumantes des immeubles effondrés à l'aide de pelle mécanique. Certains rescapés français émettront des doutes sur la thèse officielle d'un camion suicide qui serait venu s'encastrer dans les sous-sols du Drakkar, aucun débris du véhicule piégé n'ayant été retrouvé. Selon eux, l'immeuble, occupé auparavant par les services secrets syriens, aurait été miné préalablement. Mais les sentinelles qui auraient pu voir le camion arriver de loin sont décédées, et le site n'est plus qu'un amas de décombres difficiles à identifier. »[55]

Dans cette affaire, la Syrie est un allié fidèle de l'Iran. La présence militaire franco-américaine au Liban déplaît à beaucoup de monde, à savoir les pays frontaliers comme la Syrie et Israël qui se disputent l'influence sur ce petit pays, mais également les factions libanaises opposées qui entendent contrôler Beyrouth. Le président libanais Amine Gemayel, chrétien et ami de la France, n'a pas suffisamment de poids pour maîtriser cette situation chaotique.

Suite aux deux attentats du 23 octobre 1983, la France et les États-Unis accusent le Hezbollah et l'Iran. En effet, l'influence iranienne se développe pendant la guerre civile du Liban, où le Hezbollah (Parti de Dieu), mouvement politico-religieux chiite libanais, fondé en 1982, devient

---

[55] Vincent Nouzille, *Les tueurs de la République, assassinats et opérations spéciales des services secrets*, op.cit.

l'allié proche des Iraniens par son combat terroriste contre les factions sunnites et chrétiennes, et plus tard contre les Israéliens. Le soutien de l'Iran à un groupe considéré comme terroriste est à l'origine de sa mise au ban de la communauté internationale. Depuis le 11 février 1979, l'ayatollah Khomeiny, chef religieux chiite intégriste, a pris le pouvoir en Iran, en renversant par un coup d'état le Shah d'Iran. La République islamique de Khomeiny se révèle une véritable machine à semer la mort : assassinats, exécutions sommaires, tortures, attentats, soutien à des groupes terroristes. Peu de temps après son arrivée au pouvoir, Khomeiny commence à appeler de ses vœux la propagation de sa révolution islamique aux autres pays musulmans.

En 1980, l'Irak, soutenu militairement et financièrement par les États-Unis et la France, envahit l'Iran avec l'espoir de détruire la révolution naissante et surtout d'occuper les zones pétrolières du Khuzestan. La République laïque irakienne, dirigée par Saddam Hussein, est opposée à la diffusion d'un chiisme militant à la Khomeiny. La guerre Iran-Irak se transforme en une abominable boucherie. L'armée irakienne décime son adversaire iranien, grâce notamment à l'aide militaire française, dont les puissants canons automoteurs chenillés de 155 mm GCT, montés sur châssis de chars AMX-30, déversent un déluge d'obus sur les blindés et les fantassins ennemis, sans oublier l'apport des avions tricolores Super Étendard et autres Mirage. Pour l'Iran, la France et les États-Unis deviennent les deux ennemis à abattre. Au bout de huit années de conflit, Khomeiny doit accepter un cessez-le-feu en 1988. Durant cette guerre, Khomeiny décide de châtier la France et les USA au Liban, via le Hezbollah.

Le lendemain même des attentats du 23 octobre 1983 à Beyrouth, le président François Mitterrand se rend sur place pour apporter son soutien au contingent français. De retour à Paris, il n'entend pas laisser ce crime impuni. Lors du conseil des ministres du 28 octobre, il énumère les responsables potentiels des attentats : l'Iran de Khomeiny qui vient ainsi de punir la France de son soutien armé à l'Irak, la Syrie de Hafez el-Assad qui entend se poser en tuteur du Liban, ou la Libye du colonel Kadhafi, que la France affronte au Tchad.

La DGSE française (Direction générale de la sécurité intérieure), dépendant du ministère de la Défense et ayant remplacé le SDECE en 1982, enquête minutieusement sur le terrain et finit par aboutir à la conclusion suivante : « L'Iran a utilisé la branche armée du Hezbollah libanais pour commettre les deux attentats. Les commandos suicides proviennent de la milice Amal islamique d'un certain Hussein Moussaoui. Les documents fournis par la CIA corroborent les renseignements français. »[56]

Le 2 novembre 1983, dans la cour des Invalides, Mitterrand rend un dernier hommage aux soldats français tués lors de l'attentat. Peu après, informé de l'état de l'enquête, il réunit dans son bureau son ministre de la Défense, Charles Hernu, son chef d'état-major particulier,

---

[56] Archives de la DGSE.

le général Jean Saulnier, et le directeur de la DGSE, l'amiral Pierre Lacoste. Ce dernier, nouveau patron des services secrets français, est né le 23 janvier 1924 à Paris. À l'issu de l'École navale, il entame une brillante carrière d'officier de marine, notamment en Indochine. Après plusieurs commandements en mer, il dirige en 1976 l'École supérieure de guerre navale. En octobre 1978, il devient chef du cabinet militaire du Premier ministre français Raymond Barre. En septembre 1980, il reçoit le commandement de l'Escadre française de Méditerranée. Il est ensuite directeur de la DGSE de novembre 1982 à septembre 1985.

Depuis un an déjà, l'amiral Lacoste a fait renforcer la présence de la DGSE à Beyrouth, depuis l'arrivée des troupes françaises et alliées. Il a notamment envoyé des agents du Service action (SA) pour protéger l'ambassade de France dans la capitale libanaise et son ambassadeur, Fernand Wibaux, cible potentiel des tueurs locaux. Le SA multiplie les coups de main sur place, tout en recueillant de précieux renseignements. Il se révèle cependant incapable de prévoir l'attentat qui va tuer 58 paras français.

En représailles, le Service action (bras armé de la DGSE), dirigé par le colonel Jean-Claude Lorblanchès, organise une opération spéciale dans la nuit du 6 au 7 septembre 1983, à l'aide d'un commando équipé d'explosifs, devant souffler l'ambassade d'Iran à Beyrouth. « Dès le début, raconte l'amiral Lacoste, j'ai eu la certitude que les Iraniens étaient responsables, et je voulais leur donner un coup d'arrêt. Il fallait frapper fort. J'ai proposé le mode d'action étudié par le chef du SA. Je suis allé voir

Mitterrand à l'Élysée qui a approuvé le principe pour éviter que cela se renouvelle. »[57]

Le 5 novembre 1983, à l'aube, une vingtaine d'agents du SA, issus du centre de Cercottes, près d'Orléans, embarquent à bord d'un avion Transall à destination de Beyrouth. Le colonel Jean-Claude Lorblanchès, chef du SA, est présent car il tient à diriger en personne cette opération, tout en restant en contact par radio avec l'amiral Lacoste.

Un des membres du commando, ayant tenu à conserver l'anonymat, souligne être arrivé à Beyrouth sans avoir pu se reposer durant les 24 heures précédentes. La fatigue commence à se faire sentir, sans oublier le stress et la pression énorme de l'Élysée qui entend frapper avant les Américains. Des agents de la DGSE ont repéré peu de temps auparavant les lieux. À Cercottes, les membres du commando ont vu des photos du bâtiment visé, mais personne n'a le temps de vérifier le bien-fondé des renseignements avant d'intervenir. D'autant plus que l'opération doit se dérouler aussitôt sur place. Débarqués le soir du 5 novembre, le commando passe à l'action durant la nuit.

Roulant dans des Jeep de l'armée française présente à Beyrouth, le commando arrive près de l'ambassade d'Iran vers 3 heures du matin, le 6 novembre, en se faisant passer pour des simples parachutistes en patrouille. Les explosifs

---

[57] Entretiens de l'auteur avec l'amiral Pierre Lacoste en avril 2012.

sont répartis en une douzaine de charges, afin de détruire totalement l'ambassade. L'équipe doit installer les charges dans les sous-sols, de manière à ce que le bâtiment s'effondre totalement. « Mitterrand a également donné pour consigne d'éviter les dommages collatéraux, à savoir des victimes civiles dans les zones habitées alentour », souligne Vincent Nouzille.[58]

Le commando du SA se rend compte que le bâtiment est défendu par une vingtaine de gardes armés, en fonction à l'étage, alors qu'il ne devait avoir sur place qu'un couple de gardiens, d'après les renseignements fournis par la DGSE. Les maisons avoisinantes sont également plus proches que les indications transmises. De plus, des projecteurs sont braqués vers l'extérieur rendant impossible la mise en place d'un attentat nocturne. Le « petit muret » censé entouré le bâtiment est en fait un solide mur, rehaussé avec des parpaings. La voie de sortie du commando, réputée facile, est en réalité encombrée d'arbres.

L'équipe décide donc d'annuler l'opération et regagne le poste de commandement « La Frégate », un cantonnement des troupes français à Beyrouth-Ouest, afin de prendre ses quartiers dans un gymnase. À Paris, au siège de la DGSE, boulevard Mortier, l'amiral Lacote attend avec impatience les résultats de l'opération. Lorsqu'il apprend l'échec de cette première tentative, il insiste aussitôt pour que le commando repasse à l'action au plus vite :

---

[58] Vincent Nouzille, op.cit.

« L'Élysée veut absolument prendre les Américains de court en menant cette action audacieuse avant eux. »[59]

Le colonel Lorblanchès demande un délai de 48 à 72 heures pour mieux préparer cette opération hautement risquée, mais il reçoit l'ordre de l'amiral Lacoste de retourner sur place le soir même ! Un membre du commando raconte : « On nous a dit que les Américains pourraient détruire l'ambassade d'Iran avec une bombe téléguidée au laser et qu'il fallait le faire avant eux. Nous avons été harcelés de messages de Paris toute la nuit. Jean-Claude Lorblanchès n'a pas pu s'y opposer. Nous avons compris qu'on avait pas le choix. »[60]

Huit agents du SA forment un nouveau commando, avec la mission d'abandonner une Jeep bourrée de 600 kilos d'explosifs devant l'un des murs d'enceinte de l'ambassade. Cela va provoquer des dommages moins importants, mais le message sera aussi clair. Durant la journée, l'équipe se prépare activement. Elle tente de téléguider une Jeep vide pour qu'elle arrive et s'arrête le long du mur, mais celle-ci n'avance pas droit. Il faut alors se résoudre à prendre le risque de la conduire jusqu'à l'objectif avec des hommes à l'intérieur.

Dans la nuit du 6 au 7 novembre 1983, le nouveau commando se dirige vers l'ambassade d'Iran avec trois Jeep. Pour faire diversion à l'arrivée de l'équipe, d'autres

---

[59] Archives de la DGSE.

[60] Archives de la DGSE.

agents du SA se postent à quelques dizaines de mètres et tirent avec un lance-roquette LRAC-F1 en direction du balcon, afin de faire croire à une attaque. Les gardiens de l'ambassade tombent dans le piège, ripostent en direction de l'origine du tir. Le commando profite de cette fusillade pour détruire les projecteurs et les lampadaires, de manière à agir pleinement dans l'obscurité.

Les deux volontaires du SA, ayant pris place dans la Jeep piégée, reçoivent l'ordre d'armer les explosifs, avec un délai de quinze minutes de mise à feu, puis de rejoindre les deux autres véhicules et de quitter rapidement l'endroit.

L'un des équipiers a bien appuyé sur les retardateurs comme prévu. Mais quinze minutes après, alors que le commando se trouve hors de danger près du port, rien ne se passe ! Après de longues minutes d'attente, les deux jeep reviennent près de l'ambassade, malgré le risque des tirs des gardiens désormais alertés. Deux membres du commando s'approche à pied de la Jeep piégée. Derrière eux, leurs coéquipiers décident d'utiliser le lance-roquette pour faire exploser la Jeep. Mais la roquette tirée touche uniquement le moteur, empêchant ainsi la mise à feu des explosifs placés sur le siège arrière. Le bruit attire une patrouille de l'armée libanaise. Le commando français doit de nouveau quitter les lieux. Les militaires libanais comprennent rapidement de quoi il s'agit. Hostiles au Hezbollah, ils proposent de rendre le véhicule en question aux soldats français.

Le commando, exfiltré sans difficulté du Liban, est reçu secrètement par le ministre de la Défense, Charles Hernu, qui estime que les Iraniens ont dû comprendre le message. Cependant à l'Élysée, cet échec provoque un vif émoi. Mitterrand est furieux. Il estime que la France va payer ce revers humiliant par une recrudescence des attentats contre les intérêts français. Au ministère de la Défense, des conseillers de Charles Hernu critiquent sévèrement le colonel Jean-Claude Lorblanchès qui devient ainsi un bouc émissaire idéal. On ne cherche pas à élargir les causes profondes de cet échec, comme notamment les mauvaises informations transmises au commando. En novembre 1984, le colonel Lorblanchès est remplacé par le colonel Jean-Claude Lesquer, un militaire issu de la Légion étrangère, qui rêve de prendre le commandement du 2e REP à Calvi.

Le lendemain même de cette opération avortée, Mitterrand veut toujours venger les morts français du Drakkar. Au lieu d'une opération commando clandestine, il ordonne une attaque militaire classique. Un raid de l'aéronaval dans la plaine de la Beeka doit détruire une ancienne caserne de l'armée libanaise, occupée par plus d'une centaines de militaires iraniens et de miliciens chiites libanais d'Hussein Moussai. Une partie de l'équipe du Service action, revenue à Beyrouth, se charge des repérages au sol afin de guider l'attaque des avions français. Au dernier moment, Ronald Reagan et son aviation militaire refusent de s'associer aux représailles. Malgré ce lâchage américain, Mitterrand maintient le bombardement français.

Dans la journée du 17 novembre 1983, huit chasseurs bombardiers Super Étendard décollent du porte-avions Clemenceau, qui navigue au large du Liban, et larguent une trentaine de bombes sur la caserne Abdallah, près de

Baalbek. Bien que des médias mal informés aient clamé haut et fort que cette attaque aérienne française avait été un échec complet, du fait de l'évacuation supposée des bâtiments visés, on sait aujourd'hui, après l'ouverture des archives militaires françaises à ce sujet, qu'une quinzaine de miliciens chiites et autant de soldats iraniens ont été tués, sans oublier plus d'une soixantaine de blessés. Ainsi nous sommes loin d'un coup d'épée dans l'eau.[61]

La situation au Liban n'en demeure pas moins aussi instable, avec la multiplication des attentats. La force multinationale doit quitter Beyrouth en février 1984. Les bersaglieri et les paras de la prestigieuse brigade Folgore, du contingent italien, sont les derniers à partir, après avoir couvert avec un immense courage le retrait des Alliés américains et français.

La reconstruction du Liban se fait sous la tutelle de la Syrie de 1990 à 2005. Depuis juillet 2011, le Liban sert de bases arrières à des groupes insurgés combattant le régime du président syrien Bachar el-Assad. Des crises ponctuelles montrent, malgré le succès relatif de la reconstruction, la fragilité de l'équilibre libanais et sa vulnérabilité aux crises qui agitent en permanence la région. Depuis 2013, on note une réapparition des attentats suicides, qui s'étaient arrêtés à la fin de la guerre civile en 1990.

---

[61] Archives militaires françaises, Vincennes.

9

L'AFFAIRE DU RAINBOW WARRIOR

L'affaire débute le 19 mars 1985, lorsque Patrick Careil, directeur de cabinet du ministre de la Défense Charles Hernu, est convoqué par ce dernier qui lui demande de préparer une opération contre le Rainbow Warrior, navire phare de l'organisation écologiste Greenpeace, prochainement amarré au port d'Auckland en Nouvelle-Zélande. Ce bateau doit s'approcher au plus près de l'atoll de Mururoa dans le Pacifique, afin de protester contre les essais nucléaires français et les gêner le plus possible.

Depuis novembre 1984, plusieurs rapports des services secrets français arrivent au ministère de la Défense prouvant que cette organisation écologiste serait infiltrée par le KGB soviétique. Il est d'ailleurs étrange de constater l'acharnement virulent et agressif de Greenpeace contre les essais nucléaires français et son absence d'action contre ceux de l'URSS... La Nouvelle-Zélande et l'Australie, qui supportent difficilement la présence française dans le Pacifique, voient les opérations coups de poing de cette organisation écologiste avec une certaine sympathie...

L'opération contre Greenpeace est préparée par des officiers du Service action de la DGSE, commandé depuis peu par le colonel Jean-Claude Lesquer. Cinq moyens sont proposés pour cette opération baptisée « Satanique » : le versement dans le réservoir du Rainbow Warrior de bactéries mangeuses de carburant ; envoyer une équipe médicale qui diagnostique une jaunisse contraignant l'équipage à une longue quarantaine ; la pose par un commando d'une charge explosive légère pour endommager l'arbre d'hélice ou le gouvernail du navire, l'obligeant à de longues réparations ; la provocation volontaire d'une dysenterie de l'équipage, en intoxiquant la nourriture ; deux charges explosives pour couler le bateau : une première assez légère afin de contraindre l'équipage à l'évacuer, une seconde plus forte pour l'objectif final. La dernière solution, la plus radicale, est finalement retenue.

Dans un rapport confidentiel daté du 8 avril 1986, l'amiral Lacoste, alors patron de la DGSE, apporte les faits suivants :

« C'est le 19 mars 1985 que M. Patrick Careil, directeur de cabinet de M. Charles Hernu, m'a explicitement demandé de mettre en œuvre les moyens de la DGSE pour interdire au mouvement Greenpeace de réaliser ses projets d'intervention contre la campagne des essais nucléaires français à Mururoa, à l'été 1985. »[62]

---

[62] Archives de la DGSE.

D'autre part, l'amiral Lacoste raconte que l'action contre Greenpeace a été donnée avec l'accord du président François Mitterrand :

« Reçu en audience par le président de la République, le 15 mai 1985 à 18 heures, j'avais mis cette question au premier point de l'ordre du jour. J'ai demandé au Président s'il m'autorisait à mettre en œuvre le projet de neutralisation que j'avais étudié à la demande de Charles Hernu. Il m'a donné son accord en manifestant l'importance qu'il attachait aux essais nucléaires. Je ne suis pas alors entré dans un plus grand détail du projet, l'autorisation était suffisamment explicite. »[63]

L'Élysée donne l'aval définitif à cette opération le 28 mai 1985 et le ministère de la Défense le 7 juillet. Les préparatifs ont en fait débuté depuis plusieurs semaines déjà. Le lieutenant Christine Cabon (alias Frédérique Bonlieu), agent de la DGSE, a infiltré Greenpeace depuis avril 1985, dont en particulier l'équipe de militants écolos d'Auckland, afin de connaître la date d'arrivée du Rainbow Warrior dans le port néo-zélandais. Trois équipes de la Section action de la DGSE sont également envoyées sur place.

L'opération débute le 10 juillet 1985. Le matériel est caché dans un camping-car Toyota de location, utilisé par deux agents secrets français, appelés « les époux Alain et Sophie Turenge » qui, sous cette fausse identité, se font

---

[63] Archives de la DGSE.

passer pour un couple de touristes suisses. Il s'agit en fait du commandant Alain Maffart et du capitaine Dominique Prieur. Le matériel, à savoir des mines magnétiques, est ensuite transféré dans un canot pneumatique piloté par trois nageurs de combat, Jean-Luc Kyster, Jean Camas et Gérard Royal. Ce dernier n'est autre que le frère aîné de la candidate socialiste à l'élection présidentielle de 1987, Ségolène Royal. Deux des trois nageurs posent sur la coque du Rainbow Warrior deux mines magnétiques, devant exploser à cinq minutes d'intervalle. La première de 5 kg est de faible puissance, afin de provoquer uniquement le départ des douze personnes composant l'équipage. La seconde de 15 kg, fixée près de la salle des machines, doit envoyer le navire par le fond. La première explosion retentit à 23 h 48. L'équipe quitte le navire qui prend l'eau mais le photographe néerlandais, d'origine portugaise, Fernando Pereira, descend dans sa cabine pour récupérer ses appareils photos. À la seconde explosion, à 23 h 51, il est tué.

Il se trouve que le port d'Auckland, victime de nombreux cambriolages, est étroitement surveillé par la police et des vigiles. L'un d'entre eux remarque le camping-car que les « époux Turenge » ont loué pour cacher notamment les mines. Il regarde également avec attention ce même véhicule qui attend le retour du commando de nageurs de combat dans un coin discret. Il note l'immatriculation, ce qui permet à la police de progresser rapidement dans son enquête. En effet, le 12 juillet à 9 heures du matin, la police néo-zélandaise interpelle le « couple Turenge » à l'aéroport d'Auckland lorsqu'il rend le camping-car à l'agence de location. Leurs passeports suisses se révèlent de faux documents, et le numéro de téléphone qu'ils ont appelé en France, après leur arrestation, correspond à une ligne réservée au quartier général du Service action : logés par la police dans un hôtel étroitement surveillé, les « époux Turenge » commettent l'erreur de passer un appel téléphonique international à ce numéro ultra secret, que la police néo-zélandaise parvient à localiser, avec l'aide de ses propres services spéciaux ! Les deux protagonistes sont définitivement identifiés. Ils sont inculpés le 23 juillet pour « meurtre, incendie volontaire et association de malfaiteurs ».[64]

Le 4 novembre 1985, Alain Mafart et Dominique Prieur comparaissent devant la cour d'Auckland pour leurs premières auditions : ils plaident coupable d'homicide involontaire. Le 22 novembre, ils sont condamnés à dix ans de prison. La France parvient à obtenir leur extradition en juillet 1986. Ils sont alors transférés sur l'atoll d'Hao en Polynésie française et affectés au service administratif du 5e régiment de la Légion étrangère, avec interdiction de revenir en métropole durant trois ans. Mais le 14 décembre 1987, le commandant Alain Mafart est rapatrié pour raisons médicales, suivi le 6 mai 1988 du capitaine Prieur, son père étant mourant. Retraité de l'armée française le 30 décembre 1994 avec le grade de colonel, Mafart devient photographe animalier. Colonel de réserve en 2008, Prieur a été directrice des ressources humaines à la brigade de sapeurs-pompiers de Paris sous le nom de Maire, son nom de jeune fille.

---

[64] Archives de la DGSE.

Le 26 juillet 1985, la justice néo-zélandaise lance également un mandat d'arrêt international contre les passagers du voilier français Ouvéa (les adjudants chefs Roland Verge, Gérald Andriès, Jean-Michel Barcelo et le médecin Xavier Maniguet) qui ont levé l'ancre d'Auckland la veille du sabotage et ont été récupérés en mer par le sous-marin français Rubis.

L'amiral Lacoste, qui a reçu depuis plusieurs mois le feu vert de l'Élysée pour cette opération commando, tient à protéger jusqu'au bout les agents de son service, quitte à s'enfermer dans une situation intenable devant le déferlement médiatique de cette affaire. À sa demande, plusieurs officiers de la DGSE sont envoyés sur place pour exfiltrer les membres restants du Service action. Quatre militaires de la même DGSE, soupçonnés d'avoir divulgué des informations à la presse, sont placés aux arrêts.

Pierre Joxe, alors ministre de l'Intérieur, lance une enquête de police et organise la fuite des informations vers la presse. Ces fuites permettent à l'enquête néo-zélandaise d'avancer plus rapidement et déclenchent une importante tempête médiatique. En agissant ainsi, Joxe aurait cherché à sa débarrasser de son rival politique au gouvernement, à savoir Charles Hernu...

L'affaire tourne en effet au scandale d'État. Les médias français et de l'étranger se déchaînent contre le gouvernement de la République française et son président qui commencent par démentir toute implication dans le sabotage du navire. Charles Hernu nie toute intervention de la DGSE. Mitterrand affirme tout ignorer de cette affaire. Laurent Fabius, alors Premier ministre, fait une déclaration de presse où il nie toute responsabilité du gouvernement. Finalement, sous la pression médiatique, Mitterrand réclame à son Premier ministre des sanctions. Le 20 septembre 1985, le ministre de la Défense Charles Hernu démissionne et l'amiral Pierre Lacoste, patron de la DGSE, est limogé. Le 22 septembre, Laurent Fabius finit par admettre à la télévision que les services secrets français « ont mené l'attaque du Rainbow Warrior ».[65]

Le nouveau ministre de la Défense Paul Quilès procède rapidement à une enquête interne qui démontre les mensonges des uns et des autres. De son côté, le général René Imbot, nouveau patron de la DGSE, invité à la télévision le 27 septembre 1985, ne mâche pas ses mots :

« À ma profonde stupéfaction, j'ai découvert une véritable opération maligne de déstabilisation de nos services secrets. J'ai aussi trouvé les gens qu'il fallait sanctionner. J'ai coupé les branches pourries. Maintenant, j'ai autour de moi une équipe soudée avec laquelle je vais aller de l'avant, car il est impensable que notre pays, qui est une des cinq grandes puissances nucléaires du monde, soit privé de services secrets qui lui sont absolument nécessaires si notre pays veut garder sa place dans le monde. Là, je suis clair et net, et je vous le dis tout de suite : j'ai verrouillé ce service et je serai le rempart de ce service. »[66]

---

[65] Archives nationales, Paris.

[66] Archives nationales, Paris.

Visage martial et carré, cheveux ras, uniforme bardé de décorations, le général René Imbot impressionne et rassure en même temps. Né le 17 mars 1925 à Roussillon dans le Vaucluse, il effectue sa scolarité à l'école militaire préparatoire d'Épinal puis à celle d'Autun et au Prytanée de La Flèche qu'il quitte en 1941. Il rejoint la Résistance dans l'Allier. En septembre 1944, il s'engage au régiment FFI de Corrèze, avec lequel il participe aux combats dans les Vosges et en Alsace. Il réussit le concours d'entrée à l'école spéciale militaire de Saint-Cyr. Sa première affectation le conduit avec la 13e demi-brigade de la Légion étrangère en Indochine. Promu capitaine en 1952, il sert au Maroc. En 1958, il suit des cours d'état-major à l'école militaire américaine de Fort-Leavenworth. En 1964, il sort major de l'école de guerre de Paris. Colonel en 1969, il prend le commandement du 35e régiment d'infanterie mécanisée de Belfort. Général de division en 1978, il est nommé l'année suivante adjoint du gouverneur militaire de Paris. Général d'armée en 1983, il est nommé la même année chef d'état-major de l'armée de terre. Il créé avec Charles Hernu la force d'action rapide (FAR), ayant pour mission d'intervenir dans des délais très courts en Europe et en Outre-Mer. À la tête de la DGSE en 1985, suite à l'affaire du Rainbow Warrior, il réorganise ce service en le modernisant et en recréant le 11e régiment parachutiste de choc qui avait été dissous en 1963. Il est décédé le 19 février 2007 à Apt dans le Vaucluse.

À la suite de l'affaire du Rainbow Warrior, la France tente de faire pression sur la Nouvelle-Zélande en menaçant de remettre en cause le commerce lucratif de celle-ci avec l'Union européenne. La Nouvelle-Zélande obtient cependant des excuses officielles de la France et une réparation de sept millions de dollars de dommages et intérêts. Les relations entre les deux pays restent tendues de nombreuses années. En 1985, la France verse 8,16 millions de dollars d'indemnités à Greenpeace.

En cherchant à se disculper de cette affaire, Mitterrand déclare froidement, avec un certain cynisme, le 18 septembre 1985 : « Il ne faut pas hésiter à sanctionner, le cas échéant, à condition de savoir ce qu'il en est. Or, moi, je n'en sais rien. Entre le renseignement et l'action, il y a un monde. C'est là que peut se glisser soit la sottise, à un certain échelon de commandement qui ne doit pas être très élevé, soit la malignité. Le gouvernement n'est pas responsable des agissements, s'ils sont démontrés, de gens qui se seraient visiblement mal conduits. »[67]

Après cette affaire, de nombreux agents de la DGSE ont le sentiment d'avoir été « trahis » et « lâchés » par l'Élysée et le gouvernement, dont principalement Pierre Joxe qui, par sa rivalité avec Charles Hernu, n'aurait pas lésiné dans les coups bas...

L'amiral Lacoste, militaire foncièrement attaché au service exclusif de la France, catholique amoureux de sa Bretagne natale, a le sentiment d'avoir servi de fusible dans cette affaire, de même que Charles Hernu, fidèle de toujours de Mitterrand, socialiste patriote attaché à la grandeur de son pays, passionné par l'armée. Si Hernu est victime de sa

---

[67] Archives nationales, Paris.

mésentente avec Joxe, Lacoste est méprisé par Fabius qui ne lui adresse jamais la parole...

10

LES AFFAIRES LIBYENNES

L a Libye, ancienne colonie italienne de 1911 à 1942, placée sous administration britannique de 1943 à 1950, obtient son indépendance le 24 décembre 1951. Monarchie de 1952 à 1969, un coup d'état, dirigé par le colonel Mouammar Kadhafi, proclame la République arabe libyenne le 1er septembre 1969. Kadhafi, jeune officier de 27 ans, devient président du Conseil de commandement de la révolution. Il installe un régime inspiré du nationalisme et du socialisme, à la nette orientation panarabe, panafricaine, tiersmondiste et antisioniste. S'appuyant sur la prospérité de la rente pétrolière et sur une politique sociale parfois généreuse, il parvient durant les premières années à générer un consensus autour de son régime. Sa popularité s'effrite ensuite avec les difficultés économiques causées par la chute des cours du pétrole. Les opposants sont souvent persécutés, emprisonnés, voir assassinés. Le régime dispose en outre d'un réseau très étendu d'informateurs, chargés de surveiller la population. Sur le plan social, Kadhafi prône une certaine égalité des sexes, limite la polygamie, entretient une garde personnelle composée uniquement de femmes, les « amazones », fonde une académie militaire pour les femmes, mais il est également accusé d'avoir disposé d'un grand nombre d'esclaves sexuelles, enlevées à leur famille. Il opère des remaniements du gouvernement et des bouleversements des structures administratives pour empêcher tout contre-pouvoir.

Le chercheur Antoine Basbous explique que la stratégie de politique intérieure suivie par Kadhafi consiste à « instaurer un maquis institutionnel indéchiffrable pour l'étranger, lui permettant de verrouiller le système et de privatiser pour l'éternité la Libye à son seul profit ».[68] Kadhafi accumule avec le temps une fortune personnelle colossale, provenant de l'extraction du pétrole ou du gaz. Il investit dans des entreprises comme Total, Alsthom et Fiat.

Sur le plan international, Kadhafi entretient des relations conflictuelles avec les grandes puissances occidentales. Son régime est accusé de soutenir les organisations terroristes. Il s'oppose à la Françafrique, à l'impérialisme américain, à l'état d'Israël, pratique une politique expansionniste et interventionniste, affiche la ferme volonté d'annexer la bande d'Aozou, au nord du Tchad, ce qui lui vaut l'inimitié de la France. Il multiplie les initiatives visant à déstabiliser ses voisins, comme la Tunisie, l'Égypte et surtout le Tchad. Il abrite dans son désert des camps d'entraînement pour les révolutionnaires et les terroristes du monde entier.

---

[68] Archives nationales, Paris.

Dès 1977, le président Giscard d'Estaing et son chef des services secrets, Alexandre de Marenches, envisagent de l'éliminer physiquement. Des agents du SDECE aident leurs homologues égyptiens à soutenir l'opposition libyenne autour de Mamhoud El Mogrebi et à entretenir une guérilla à la frontière égypto-libyenne. Le bras armé du SDECE, le Section action d'Alain de Gaigneron de Marolles se trouve en première ligne : ses artificiers fournissent des explosifs pour des sabotages et des attentats en Libye. Le 1er septembre 1979, Kadhafi échappe de peu à une tentative d'assassinat, fomentée par les services secrets égyptiens et leurs alliés français. Imperturbable, Kadhafi n'en finit pas de provoquer ses voisins. Il organise un soulèvement dans la bande de Gafsa, afin de provoquer la chute du régime tunisien. Le SDECE réplique en aidant les Tunisiens à reconquérir la ville de Gafsa.

Le 27 juin 1980, un avion civile italien de la compagnie Itavia explose en plein vol près de l'île d'Ustica, au large de la Sicile. L'enquête menée par les services secrets italiens évoque l'hypothèse d'un tir de missile effectué par erreur par un avion de chasse français, « qui aurait confondu l'appareil d'Itavia avec un DC9 devant transporter le colonel Kadhafi en Pologne ».[69]

En août 1980, le SDECE soutient un complot militaire en Libye. Des militaires libyens doivent s'emparer de Tobrouk et de Benghazi, puis tuer Kadhafi. La 9e brigade libyenne passe en effet à l'action le 5 août, mais ce putsch

---

[69] Archives militaires italiennes, Rome.

guidé par le commandant Driss Chehaibi, finit par échouer. Ce fiasco entraîne la démission de l'homme fort du Service action, Alain de Gaigneron de Marolles, impliqué dans cette affaire.

Lorsque Ronald Reagan arrive à la Maison-Blanche, le 20 janvier 1981, le FBI et le SDECE préparent une opération commune visant à éliminer Kadhafi, lors d'un attentat à Benghazi prévu en mai 1981. Mais, le 10 mai 1981, Giscard d'Estaing et battu à l'élection présidentielle par Mitterrand. Le nouvel élu est cependant informé de cette opération programmée. Il refuse d'y donner suite, croyant naïvement amadouer Kadhafi au détriment des Américains. Il va vite déchanter...

Les tensions au nord du Tchad se multiplient du fait de la volonté hégémonique du Leadeur libyen. Cependant, Mitterrand, ne voulant pas imiter Giscard en Afrique, entend affronter Kadhafi d'une manière discrète, sans intervention militaire officielle de la France. Fin juin 1983, le mercenaire René Dulac, ancien compagnon d'arme de Bob Denard, est contacté par la DGSE pour faire le « sale boulot » dont personne ne veut se charger : mettre en déroute les troupes libyennes au nord du Tchad. En effet, en ce début de l'été 1983, l'armée Libyenne est passée à l'offensive, avec un armement lourd, dont des chars soviétiques, de l'artillerie et quelques avions. L'opposant tchadien Oueddei, soutenu par Kadhafi, espère renverser Hissène Habré, allié aux États-Unis et à la France. Le 24 juin, la palmeraie de Faya-Largeau tombe aux mains des assaillants. Mitterrand, bien que toujours disposé à négocier en secret avec le leader libyen, ne peut pas cependant le laisser envahir impunément le Tchad. Le Sénégal, la Côte d'Ivoire et les USA pressent la France à intervenir au plus vite.

Une réunion de crise est organisée avec le mercenaire René Dulac et plusieurs responsables de la DGSE. Dulac écoute ses interlocuteurs lui expliquer les contours de sa mission : « Vous devez rejoindre Hissène Habré et l'aider à contre-attaquer, afin de gagner quelques semaines avant l'intervention éventuelle de l'armée française de l'opération Manta. Si vous êtes pris par les Libyens, on ne bougera pas. Vous serez l'unique responsable. »[70]

Dulac expose alors ses conditions : « Il me faut des missiles antichars Milan pour détruire les chars libyens. J'ai également besoin d'une équipe pour former mes gars à se servir de telles armes. J'ai aussi besoin de véhicules rapides tous terrains, des Land Rover, de postes de transmissions, d'armes légères. J'exige que les mercenaires de mon équipe aient des contrats de six mois minimum garantis, avec des salaires de 17 000 francs par mois. Je ne prendrai que des anciens légionnaires et paras, habitués à ce type d'action. Je compte accomplir cette mission avec trente à trente-cinq types triés sur le volet. De vrais guerriers. »[71]

Toutes ces conditions et autres demandes sont acceptées. Dulac prend comme adjoint un certain Olivier D., ancien mercenaire de Bob Denard, au passé sulfureux

---

[70] Archives de la DGSE.

[71] Archives de la DGSE.

au sein de l'extrême droite, ayant combattu dans les Phalanges chrétiennes au Liban durant les années 1970. Il aurait même été mêlé à une affaire de trafics d'armes avec des barbouzes, suspectés d'avoir voulu fomenter un complot contre... Mitterrand !

Peu importe ! La DGSE et l'Élysée ont subitement besoin des compétences de d'Olivier D... et des hommes qui entourent Dulac pour cette mission très spéciale au Tchad. Installés dans un Novotel de la Porte de Bagnolet, à Paris, les deux mercenaires recrutent d'anciens paras et légionnaires, d'ex-guerriers de Bob Denard, d'anciens membres de l'OAS. L'équipe, baptisée Saxo, achève rapidement ses préparatifs.

Le 11 juillet 1983, un avion C130, sollicité par la DGSE pour des opérations clandestines, décolle du Bourget, avec à bord les mercenaires, du matériel militaire, dont des missiles Milan. Il fait escale au Caire, afin de ne pas attirer l'attention, puis à Bangui et en Centrafrique. Sur place, un officier de la DGSE ordonne aux militaires français d'installer un camp provisoire à l'aéroport pour accueillir les mercenaires de passage. Puis le C130 conduits ces derniers à N'Djamena :

« Nous sommes reçus par l'attaché militaire français, raconte René Dulac. Je me rends aussitôt à Abéché, dans l'Est, où se trouve Hissène Habré, qui prépare la reconnaissance du Nord et de Faya-Largeau avec ses troupes. Je circule dans un véhicule de l'armée française, équipé d'un poste de radio me permettant de faire tous les jours un rapport à la DGSE de Paris. Nous dépendons de la DGSE pour pratiquement tout. »[72]

D'autres mercenaires et du matériel arrivent également sur le tarmac de N'Djamena. Le groupe Saxo aligne désormais une trentaine d'hommes, entraînés par le Service action au maniement des missiles Milan, capables de détruire un char à 3000 mètres de distance. L'équipe de la DGSE, baptisée force Omega, se déploie avec des instructeurs militaires venus soutenir l'armée tchadienne.

Le 18 juillet 1983, Hissène Habré et se soldats débutent la contre-offensive, avec des véhicules rapides, accompagnés par les mercenaires, des agents de la DGSE et des instructeurs français. Les mercenaires de René Dulac sont armés de fusils d'assaut, de petits canons mitrailleurs et d'une trentaine de missiles Milan. Très vite, ils accrochent les chars libyens, des T54, lourds et pesants, progressant difficilement dans le désert. Les Tchadiens, juchés sur des voitures tous terrains, encerclent facilement les troupes libyennes, tuent les équipages sortis de leurs blindés, tandis que les mercenaires français font un véritable carnage de tanks, qui sont pulvérisés par les Milan. Faya-Largeau tombe aux mains des assaillants, tandis que les Libyens, terrorisés, prennent la fuite. Le Service action envoie sur place des hommes armés de missiles antiaériens pour détruire les Mig et autres Soukhoï qui bombardent la ville. Cependant, luttant à un contre dix, les mercenaires doivent décrocher. Cette opération est tout de même

---

[72] Archives de la DGSE.

considérée à Paris comme un succès. Elle a ralenti la progression des troupes libyennes. Une trentaine de leurs chars ont été détruits.

Le 9 août 1983, la force française Manta, forte de près de 3000 militaires, peut se positionner en toute sécurité et bloquer facilement l'avancée libyenne. René Dulac conclut : « Nous avons fait le job pour eux, à trente hommes seulement et avec l'aide tchadienne, en mettant en déroute une armée libyenne de plus de 30 chars et de plusieurs centaines de soldats. »[73]

Après l'affaire du Rainbow Warrior, le général René Imbot, nouveau patron de la DGSE, reforme le 1er régiment parachutiste de choc et remet le drapeau de cette unité prestigieuse, le 7 février 1986, au nouveau chef de corps, le colonel Patrick Manificat, ancien du 1er RPIMA de Bayonne. De nouveau bras armé du Service action, le 11e Choc va s'illustrer rapidement.

Fin 1986, plus de 10 000 soldats libyens, soutenus par des avions Mig et des chars T54, repartent à l'assaut du Nord du Tchad, en menaçant les villes de Bardaï, Wour et Zouar, s'en s'enfoncer plus au sud pour ne pas affronter les forces françaises. Une trentaine de militaires du 11e Choc sont envoyés sur place pour soutenir les Tchadiens. La CIA, la DGSE et même le Mossad israélien épaulent les paras français du 11e Choc. Les agents israéliens aident les Français à mettre au point un système de brouillage des

---

[73] Archives de la DGSE.

missiles soviétiques qui équipent les Libyens. On fait croire à Kadhafi que la France est disposée à négocier le partage du Tchad.

Les soldats tchadiens et les paras du 11e Choc attentent le meilleur moment pour attaquer. Les agents français de la DGSE remarquent que les Libyens ne quittent guère leurs fortins de Fada et d'Ouadi-Doum, redoutant de tomber dans une embuscade. Les uniques sorties de ces unités lourdes et peu mobiles se déroulent lors des relèves des garnisons.

Le 20 mars 1987, les Français et les Tchadiens fondent sur une colonne libyenne à Bir Koa : 800 soldats de Kadhafi sont tués en quelques minutes ! Deux jours plus tard, un raid surprise contre la base militaire d'Ouadi-Doum se termine par la mort de 1269 soldats libyens et la capture de 11 bombardiers tchèques, d'une douzaine de Tupolev, d'un Mig 21, de trois hélicoptères MI-25, d'une trentaine de blindés et de plus de 400 véhicules armés de missiles antiaériens. Pour Kadhafi, ces deux défaites consécutives, marquées par la mort de 2069 de ses soldats contre la mise hors de combat d'une dizaine d'assaillants (tués ou blessés), sont une humiliation terrible pour lui. Il ordonne à ses troupes de cesser des incursions massives vers le sud.

Mais le bras de fer opposant la France à la Libye n'est pas terminé. En février 2011, Kadhafi doit faire face à une révolte populaire, qui démarre en Cyrénaïque, région historiquement rétive à son autorité. Le pouvoir répond aux diverses manifestations par des tirs à balles réelles et des bombardements aériens sur la population. Un véritable soulèvement éclate à Benghazi qui passe aux mains des rebelles, dont des milices intégristes islamistes. Le 22 février, alors que l'Est de la Libye semble échapper à son contrôle, Kadhafi intervient à la télévision : il promet d'écraser la contestation, qu'il attribue à « des mercenaires, des bandes criminelles, manipulés par Al-Qaïda (les terroristes et intégristes islamistes) et les Américains ».[74] Il promet de nettoyer la Libye maison par maison. Les rebelles continuent à gagner du terrain. Kadhafi est lâché par une partie de son armée, mais peut compter sur sa milice privée, puissamment armée. Au mois de mars, les troupes fidèles à Kadhafi, des forces spéciales nettement mieux armées et équipées que les rebelles, lancent une contre-offensive et reprennent une partie du terrain perdu. Le conseil de sécurité de l'Onu obtient un cessez-le-feu le 17 mars 2011, mais qui n'est pas respecté.

Dans le cadre de l'Onu et de l'Otan, l'armée française intervient en Libye du 19 mars au 20 octobre 2011, au sein d'une coalition militaire représentée par une quinzaine de pays, dont principalement la France, les États-Unis et la Grande-Bretagne, au bénéfice des insurgés du conseil national de transition (CNT) en guerre contre Kadhafi, ses mercenaires et ses partisans armés.

Lors de cette opération militaire engageant principalement des forces navales et aériennes du côté des Alliés, la France prend la tête de cette coalition en alignant le plus grand nombre d'aéronefs (avions et hélicoptères), avec 72 appareils, contre 50 pour les États-Unis, 22 pour la Grande-Bretagne, 12 pour l'Italie...

---

[74] Archives nationales, Paris.

La marine nationale française tient également une place déterminante avec la présence du porte-avions Charles-de-Gaulle et de plusieurs autres navires de guerre. Les services secrets français, présents sur place depuis plusieurs semaines, informent avec précision les Alliés.

L'aviation française est la première à intervenir, le 19 mars 2011, à 12 heures 30, avec une patrouille de 8 Rafale, de 2 Mirage 2000D, de 2 Mirage 2000-5, de 7 avions ravitailleurs. Les missions durent 6 heures 30 pour les chasseurs partis de France, dont 2 heures 30 au-dessus de la Libye. De nombreux véhicules blindés libyens sont détruits par les appareils français, évitant ainsi un véritable bain de sang contre la population de Benghazi, hostile à Kadhafi. Les avions français empêchent également les attaques aériennes kadhafistes sur la ville de Benghazi.

Depuis le porte-hélicoptères d'assaut Tonnerre, une dizaine d'aéronefs français Tigre et Gazelle détruisent 20 objectifs, dont 15 véhicules blindés et 2 centres de commandement, dans la nuit du 3 au 4 juin. Comme le souligne Jean-Dominique Merchet, spécialiste des questions militaires, la défense libyenne n'est pas restée inerte. Très bien camouflée, les forces kadhafistes ont riposté avec des missiles portables SA-7, des canons mitrailleurs de 23 mm et des mitrailleuses lourdes de 14,5 mm. Les hélicoptères français sont intervenus que par nuit noire, en volant à très basse altitude. Des années d'entraînement au vol tactique ont été mises à profit au grand dam des kadhafistes. Les forces kadhafistes ont été attaquées d'une manière impitoyable, comme en témoigne le nombre de munitions utilisées à chaque raid : une quinzaine de missiles Hot, environ 150 roquettes et autant d'obus de 30 mm. Les frégates françaises ont appuyé cette action, d'une audace incroyable, en tirant 3000 obus sur les positions adverses. Tous les aéronefs français ont pu rejoindre le porte-hélicoptères Tonnerre.

Le 20 octobre, le colonel Kadhafi se trouve à bord d'un convoi de plus de 20 véhicules quittant la ville de Syrte. Le convoi est arrêté par un tir de missile drone américain. Alors que les véhicules se regroupent, le même convoi est attaqué par un Mirage français 2000D, accompagné d'un Mirage F1 CR. Le Mirage 2000D tire deux bombes MK82 à l'avant et à l'arrière de la colonne, causant d'importants dégâts. Kadhafi doit se réfugier à pied dans les environs pour se cacher. Il est alors assailli par des combattants du CNT (conseil national de transition) venant de Misrata et ensuite abattu. Cette mort du Chef libyen met fin aux opérations militaires alliées en Libye.

Du 19 mars au 20 octobre 2011, les forces armées françaises ont touché 2500 cibles militaires, dont 850 sites logistiques, 170 centres de commandement, 480 chars, 250 véhicules et 160 pièces d'artillerie. Malgré la grande puissance de feu des kadhafistes, l'armée française n'a enregistré aucune perte dans ses rangs lors des combats, soulignant ainsi l'extrême efficacité du matériel et du personnel.

L'armée française a bien représenté le fer de lance de cette coalition. La France a été le seul pays européen à tenir son rôle de grande puissance militaire, ce qui n'a échappé ni aux Américains ni aux partenaires européens. Les principaux experts militaires français et étrangers estiment que « cette opération a été une véritable promotion de la puissance militaire française ».[75] L'avion de combat Rafale a notamment démontré ses qualités inégalées en Europe : souplesse et polyvalence (capacités à décoller tant de Saint-Dizier que de Solenzara ou du porte-avions Charles-de-Gaulle), réelles capacités multirôles (vaste éventail d'armes, excellence dans les missions air-air comme air-sol). Les avions Mirage 2000 et Super Étendard ont prouvé une fois de plus leurs immenses qualités opérationnelles. Les hélicoptères Gazelle et Tigre se sont révélés d'une efficacité redoutable dans la destruction des positions et des moyens matériels de l'ennemi, même dans les conditions les plus difficiles. Les navires français ont démontré que la Marine nationale est l'une des meilleures du monde au niveau de l'efficacité tactique et stratégique, ainsi que par la puissance de feu et de projection.

Gérard Longuet, ministre de la Défense de l'époque, tire les leçons de l'intervention française en Libye :

« Les opérations en Libye démontrent que nous bénéficions d'une armée bien équipée, bien entraînée et dotée d'une doctrine d'emploi éprouvée et claire. Nos militaires, que j'ai visités plusieurs fois, ont été formidables et très professionnels. Je retiens également que la pleine réintégration de la France dans la structure militaire intégrée de l'Otan nous a permis de peser sur la conduite des opérations.

---

[75] Archives militaires françaises, Vincennes.

« D'un point de vue militaire, force est de constater que nous avons atteint nos objectifs rapidement, sans troupes au sol, sans déplorer de morts, et pratiquement sans dommages collatéraux. Ce bilan est exemplaire. Notre intervention permet en outre à la France de valider un certain nombre de choix doctrinaux. La pertinence d'un avion polyvalent, le Rafale, l'aptitude des hélicoptères de l'armée de terre, et particulièrement le Tigre, à s'engager à partir d'un bâtiment à la mer, comptent parmi les nombreux enseignements que les armées tirent de cette opération. »[76]

Les services français de renseignement ont joué un rôle important durant cette campagne militaire. Des éléments de la brigade des forces spéciales françaises sont intervenus sur le terrain avec une efficacité redoutable. Les commandos du Commandement des opérations spéciales (COS) se sont retrouvés sur le terrain par intermittence. « Il s'est notamment agi d'officiers de guidage de tirs, écrivent Roger Faligot, Jean Guisnel et Rémi Kauffer, qui peuvent « illuminer » des cibles avec un laser pour que les armes des avions se dirigent automatiquement vers elles. Certains rebelles ont en outre été formés par des commandos français ou par des membres d'unités spéciales de certains pays arabes formées et équipées par le COS. Celles du Qatar, très actives, en particulier. »[77]

---

[76] Archives militaires françaises, Vincennes.

[77] Roger Faligot, Jean Guisnel et Rémi Kauffer, *Histoire politique des services secrets français*, op.cit.

Des commandos de marine français ont aidé à débarquer à Tripoli un groupe choc d'opposants à Kadhafi. La DGSE et son Service action ont formé des rebelles libyens. Des fusiliers marins commandos français ont directement attaqué à terre des unités kadhafistes le long de la bande côtière, en leur causant des pertes considérables. L'escadrille de la DGSE, le 56e groupe aérien mixte (GAM 56 Vaucluse), a livré des armes à la rébellion, dont des fusils d'assaut, des mitrailleuses, des grenades, des lance-roquettes antichars. La DGSE a également fourni une protection rapprochée aux dirigeants du CNT (Conseil national de transition), regroupant les principaux opposants au régime de Kadhafi. Les forces spéciales françaises de la BFST furent omniprésentes par des raids commandos.

La brigade des forces spéciales terre (BFST) a été créée à Pau le 1er juillet 2002. Les unités de cette brigade sont complémentaires pour les missions qui leur sont confiées. Agissant dans le milieu aéroterrestre, elles disposent d'hommes et d'équipements qui leur permettent d'assurer la totalité des processus opérationnels, qu'elles mettent en action, à savoir le renseignement stratégique et le renseignement tactique. Agissant fréquemment dans un environnement interarmées, elles sont en mesure de traiter toute la gamme des opérations dans la profondeur en milieu hostile, comme la reconnaissance, l'action commando, le contre-terrorisme terrestre, l'appui et le soutien aéromobile des opérations spéciales. Elles peuvent également recevoir d'autres missions comme la protection rapprochée d'autorités civiles ou militaires sur des théâtres d'opération ou la liaison et le contact avec les belligérants.

Les unités de la BFST s'instruisent et s'entraînent en permanence, le plus souvent possible en combinant leurs différents moyens. Les trois régiments de la brigade sont également des centres de formation délégués et forment eux-mêmes leur personnel aux métiers spécifiques des opérations spéciales. La brigade dispose en plus d'un Centre d'entraînement spécialisé (CES) qui permet aux unités de parfaire leur savoir-faire propres et combinés, s'avérant ainsi un remarquable outil de préparation aux missions. Le Centre comprend notamment un complexe de tir permettant le déroulement de combats complexes en milieu clos avec tir réel.

La qualité du recrutement est primordiale. Les officiers sont détectés et certifiés à Coëtquidan et en écoles d'arme. À partir d'un message annuel de prospection diffusée dans toutes les unités de l'armée de terre, les sous-officiers et les militaires du rang font apte de volontariat et sont retenus à l'issue de tests sélectifs d'aptitude.

La BFST se compose du 1er régiment de parachutistes d'infanterie de marine de Bayonne, du 13e régiment de dragons parachutistes de Martignas-sur-Jalle, du 4e régiment d'hélicoptères des forces spéciales de Pau, d'une compagnie de commandement et de transmission.

La BFST dispose du meilleur équipement de l'armée française, notamment dans le domaine de l'armement individuel et du renseignement. La BFST est considérée comme l'une des meilleures unités des armées occidentales, dont particulièrement par le commandement américain, qui ne tarit pas d'éloges à son sujet.

La BFST intègre le Commandement des opérations spéciales (COS), qui comprend également les sept commandos de marine (Hubert, Jaubert, Kieffer, Trépel, de Penfentenyo, de Montfort, Ponchardier), l'escadron de transport Poitou, les commandos parachutistes de l'air CPA-10. L'ensemble du COS aligne près de 4000 hommes.

Le 11e régiment parachutiste de choc, recréé le 7 février 1986, est dissout le 30 juin 1993. Le COS et la BFST prenant la relève pour des missions similaires.

Pour conclure sur la Libye, de nombreux spécialistes de l'Afrique en général se rejoignent pour décrire la fin du régime de Kadhafi comme avant tout un succès des islamistes dans la région, entraînant la déstabilisation de toute la zone sahélo-saharienne, marquée notamment par le coup d'état militaire de 2012 au Mali.

L'état chaotique de la Libye a des conséquences sur divers pays africains, où des rebelles islamistes sèment la terreur, après avoir pillé les nombreux stocks d'armes laissés par le régime kadhafiste.

En 2013, 4600 militaires français jouent un rôle capital dans la reconquête de plus de la moitié du Mali, alors occupée par 10 000 rebelles islamistes locaux et étrangers. Les services secrets françaises, envoyés sur place avec les forces spéciales, renseignent l'Élysée de la situation. Par des frappes aériennes, des attaques d'hélicoptères et des opérations terrestres, les forces françaises mettent en déroute l'adversaire, en déplorant seulement 7 tués dans ses rangs contre 600 chez l'adversaire et 340 prisonniers, sans oublier la capture de très nombreux dépôts d'armes. Un succès militaire éclatant qui fait l'admiration du commandement américain et des autres spécialistes militaires étrangers.

Le vice-président américain Joe Biden n'a que des mots élogieux pour qualifier l'intervention militaire française au Mali :

« Au nom du président américain et au nom du peuple américain, nous vous félicitons pour votre action décisive et je dois louer la qualité impressionnante des forces militaires françaises. Vous avez des forces armées très courageuses et très compétentes. »[78]

Suite aux dernières interventions militaires françaises (Afghanistan, Libye et Mali), le New York Times écrit :

« Nous admirons l'efficacité redoutable de l'armée française. Nous avons été bluffés par le porte-avions Charles-de-Gaulle, par les performances du chasseur Rafale et de l'hélicoptère de combat Tigre, par l'excellence sur le terrain de la Légion étrangère, des parachutistes, des chasseurs alpins, de l'infanterie mécanisée, par la qualité de l'encadrement, par les relations intelligentes que les troupes françaises établissent avec les populations locales, notamment en Afghanistan, par les exploits des service de santé en première ligne, par l'hélicoptère Caracal, par l'inventivité de ses penseurs militaires, par l'immense qualité des services secrets français.

---

[78] Archives militaires françaises, Vincennes.

« L'armée française est incontestablement la plus puissante d'Europe occidentale, tant par sa dissuasion nucléaire totalement indépendante, que par la qualité exceptionnelle de son armée conventionnelle (terre, aviation et marine). »[79]

---

[79] Archives militaires françaises, Vincennes.

11

LES AFFAIRES YOUGOSLAVES

Depuis la chute du mur du Berlin en novembre 1989, marquant la réunification des deux Allemagnes, plusieurs pays anciennement communistes se tournent vers l'Europe de l'Ouest, comme la Pologne, la République tchèque, la Slovaquie, la Hongrie, la Lituanie, la Lettonie, l'Estonie, la Roumanie et la Bulgarie. C'est la fin de l'empire soviétique et du Pacte de Varsovie, avec ses états satellites. La Yougoslavie éclate littéralement en divers pays revendiquant leur indépendance, entraînant une série de conflits violents entre 1991 et 1999, causant la mort de 300 000 personnes, dont deux tiers de civils, et le déplacement de 4 millions d'individus. La Slovénie, la Croatie, la Bosnie-Herzégovine, la Macédoine, le Kosovo voient le jour, au détriment de la grande Serbie. Les milices nationalistes serbes s'opposent aux indépendantistes de tous bords, allant jusqu'à pratiquer la purification ethnique, en massacrant des populations entières.

Depuis 1992, 30 000 soldats de l'Onu sont censés protéger les populations avec l'établissement de quelques corridors humanitaires, mais ne peuvent s'interposer militairement. La DGSE, présente sur le terrain, ne cesse de prévenir l'Élysée de la multiplication des massacres des civils. Mitterrand, enfermé dans le concept suranné de l'amitié franco-serbe de la guerre de 14-18, empêche toute intervention militaire française plus vigoureuse. Tout change le 17 mai 1995, avec l'arrivée à l'Élysée du nouveau président Jacques Chirac. La situation en Bosnie-Herzégovine est alors explosive. « Cela fait des mois, écrit Vincent Nouzille, que les gouvernements occidentaux échouent à contenir la pression des forces militaires serbo-bosniaques, tenues d'une main de fer par le général Ratko Mladic et qui contrôlent les deux tiers de la Bosnie-Herzégovine. »[80]

Le 26 mai 1995, près de 300 soldats de l'Onu, dont une centaine de militaires français, sont pris en otages par les milices de Mladic près de Sarajevo. Jacques Chirac entre dans une colère noire. La nuit suivante, des miliciens serbes s'emparent du pont de Vrbanja, tenu par un détachement de soldats français, qui sont capturés. Chirac et son ministre de la défense Charles million décident de lancer une opération militaire immédiate, afin de libérer les militaires français et reprendre le pont de Vrbanja. Sur place, le général Hervé Gobillard reçoit le feu vert élyséen pour déclencher une attaque. Le pont de Vrbanja est repris rapidement par un détachement de soldats français, dont deux sont tués durant l'assaut, tandis qu'une quinzaine de militaires serbes tombent sous les balles françaises.

---

[80] Vincent Nouzille, *Les tueurs de la République*, op.cit.

Chirac ne compte pas s'arrêter là. Il envisage de libérer les 300 soldats de l'Onu, retenus en otage dans huit camps ou forteresses entourant Sarajevo. Dès la soirée du 26 mai, il demande qu'une opération militaire secrète soit préparée. Son chef d'état-major particulier, le général Christian Quesnot, et son chef d'état-major des armées, l'amiral Jacques Lanxade, rassemblent les forces nécessaires.

Dès le 27 mai, 37 hélicoptères de combat sont embarqués sur le porte-avions Foch, ainsi que 150 soldats d'élite des forces spéciales, dépendant du COS, avec des gendarmes du GIGN (Groupe d'intervention de la Gendarmerie nationale). Le Foch quitte Toulon en direction de l'Adriatique. Les commandos français du COS et du GIGN doivent être héliportés jusqu'à la base côtière de Lipa, à la frontière de la Croatie et de la Bosnie, avant d'attaquer simultanément les sites de Bare et d'Osijek. Parallèlement à cette opération militaire en préparation, Chirac entame des négociations avec le général Ratko Mladic et son adjoint Rodovan Karadzic. En juin, son émissaire, le général Bertrand de La Presle, finit par obtenir la libérations des soldats de l'Onu retenus prisonniers par les Serbes. L'opération des commandos français, attendant le feu vert pour passer à l'action en cas d'échec des négociations, n'est plus d'actualité.

Jacques Chirac, toujours aussi volontaire, entend faire envoyer une force de réaction rapide (FRR), afin de mettre fin aux actions militaires serbes autour de Sarajevo. Le 3 juin 1995, il parvient à obtenir le soutien des Britanniques à ce projet, suivi de celui des Américains peu de temps après. La FRR doit être suffisamment dissuasive du fait de ses moyens en armement lourd : canons de 155 mm, mortiers de 120 mm, blindés et hélicoptères de combat, soutien de l'aviation. Il faut cependant attendre quelques semaines avant qu'une telle force soit opérationnelle. Pendant ce temps, la situation se dégrade dans les enclaves bosno-musulmanes, pourtant protégées par l'Onu, mais également occupées par les milices serbes de Mladic. Mettant la main sur Srebrenica, ces dernières massacrent sans pitié plus de 8000 civils en juillet 1995. La DGSE, alors sur place, informe Chirac et son Premier ministre Alain Juppé de la situation. Ils envisagent une opération héliportée immédiate avec de nombreux commandos français. Mais une partie de leur entourage militaire juge cette action trop risquée et ne veut pas y engager la France seule. Les miliciens serbes, armés d'une puissante DCA, sont en mesure de causer de lourdes pertes à un adversaire héliporté.

La priorité se porte alors sur le déploiement de la FRR autour de Sarajevo. Durant l'été 1995, son rôle se révèle déterminant. Les puissants canons français de 155 mm GCT détruisent toutes les batteries serbes en peu de temps. D'autre part, l'armée croate, appuyée par des mercenaires américains envoyés secrètement par Washington, reprend l'enclave de la Krajna en quelques jours. Les miliciens serbes subissent une cuisante défaite sur le terrain. La DGSE participe également à l'action, par la présence d'officiers du Service action, accompagnant les troupes croates lors des assauts. Cet appui n'est pas nouveau. Depuis 1992, dans le plus grand secret, la DGSE encadre une partie de l'armée croate, à la demande de leurs chefs, le général Ante Gotovina et de son adjoint le général Ante

Ros, tous les deux anciens légionnaires de l'armée françaises. Les deux officiers croates ont pris contact avec la DGSE via le général Philippe Rondot, alors conseiller du ministre de la Défense du moment, Pierre Joxe. Le chef de cette opération de la DGSE, le colonel Pierre-Jacques Costedoat, s'est rendu à Zagreb pour rencontrer le général Gotovina et préparer cette opération clandestine. Il s'agit de chasser les Serbes se trouvant en Croatie.

Dès 1992, des agents du Service action de la DGSE, participent aux opérations militaires aux côtés des troupes croates, forment et encadrent l'élite de cette armée. Les généraux Gotovina et Ros ne jurent que par la France, auréolée par son prestigieux passée militaire et la puissance de son armée. La DGSE, faisant tout pour dissimuler cette opération hautement clandestine, prend soin de faire passer ses agents pour des « mercenaires ». Lorsque les unités croates déclenchent l'offensive Oluja en juillet 1995, la DGSE est fortement présente à leurs côtés.

Le 28 août 1995, un bombardement meurtrier aux mortiers, des miliciens serbes, sur le marché de Sarajevo, cause la mort de nombreux civils. Ce nouveau massacre déclenche, en septembre, des raids aériens massifs de l'Otan sur toutes les positions militaires de Mladic. À Belgrade, le président serbe, Slobodan Milosevic, comprend qu'il est temps de se désolidariser de son « ami » Mladic et des milices bosno-serbes. Les négociations diplomatiques sur le découpage définitif de la Bosnie-Herzégovine débutent, sous l'égide des Américains et des Français, aboutissant aux accords de Dayton, signés à Paris le 14 décembre 1995 par les présidents serbe, croate et bosniaque, en présence de Bill Clinton et de Jacques Chirac. Ces deux derniers envisagent même de se débarrasser physiquement du général Ratko Mladic et de son adjoint Radovan Karadzic, coupables de nombreux crimes de guerre. Il est également question de les faire comparaître devant un tribunal international. Milosevic s'engage de son côté de les écarter de toute responsabilité.

Fin 1995, après la signature des accords de Dayton, l'Otan fait déployer en Bosnie-Herzégovine une puissante armée de 60 000 soldats avec de l'armement lourd, dont principalement des troupes américaines, françaises, britanniques, italiennes... Chirac et Clinton font ensuite pression pour que Milosevic leur livre Karadzic et Mladic. Mais le président serbe temporise au maximum, si bien que les deux présumés criminels de guerre continuent de parader en toute impunité à Pale, la capitale de la nouvelle petite République bosno-serbe de Srpska. Le Tribunal international de la Haye les fait inculper pour crimes contre l'humanité dès juillet 1995, puis en novembre pour le génocide de Srebrenica.

En mai 1996, le conseiller diplomatique de Chirac, Jean-David Levitte, rencontre à Paris un haut responsable de l'administration Clinton, le sous-secrétaire d'état Peter Tarnoff. Au cours de cette discussion hautement confidentielle, il est envisagé d'éliminer physiquement Karadjic. Chirac n'écarte pas le principe de l'assassinat ciblé de Karadjic, si Milosevic refuse toujours de le livrer aux Alliés. Le directeur de la DGSE de l'époque, le préfet Jacques Dewatre, ancien officier saint-cyrien et parachutiste du 11e Choc, est tenu au courant semble-t-il de cette éventualité.

Dans la foulée, le Tribunal pénal international de la Haye demande la coopération des forces militaires alliées, présentes en ex-Yougoslavie, pour arrêter Karadjic et Mladic, ainsi qu'une dizaine d'autres dirigeants serbes et croates, accusés des mêmes crimes, voire de génocide. Une étrange collaboration, où apparaissent les rivalités nationales, débute entre les Français, les Américains, les Italiens, les Britanniques, les Allemands et les Néerlandais. Chacune de ces forces, stationnant en Bosnie-Herzégovine, se livrent une réelle concurrence pour arrêter les dirigeants recherchés. Côté français, la Direction du renseignement militaire (DRM), relevant du chef d'état-major des armées, spécialisée dans le renseignement militaire, en appui des opérations menées par l'armée française, se charge de traquer les supposés criminels en Bosnie-Herzégovine, tandis que la DGSE fait de même en Serbie, en Croatie et au Monténégro. La DRM compte près de 1400 agents, qui sont à 81% des militaires, tandis que la DGSE aligne plus de 5000 agents, y compris sa branche paramilitaire du Service action.

La région de Pale, où Karadzic et Mladic ont disparu, se trouve sous le commandement des soldats français. Les services de renseignement et les militaires américains et français sont censés collaborer étroitement dans cette affaire. La DRM et la DGSE se rendent compte rapidement que les Américains font cavalier seul, notamment lorsqu'un commando français est sur le point de capturer les deux fugitifs et qu'un hélicoptère américain survol étrangement la zone d'action, donnant ainsi l'alerte aux deux cibles qui disparaissent ainsi dans la nature... Les services français sont persuadés que leurs homologues américains ont fait ainsi échouer cette opération, afin que la France ne soit pas l'unique bénéficiaire de ce succès.

À l'inverse, les Américains doutent de la bonne volonté de la France dans cette affaire. Des officiers américains accusent certains de leurs homologues français de pactiser en secret avec les nationalistes serbes. Il est vrai que les liens historiques entre la France et la Serbie remontant à la Première Guerre mondiale, la serbopholie affichée de l'ancien président Mitterrand peuvent inquiéter les militaires américains. Au sein de la DRM, de la Légion étrangère et de l'armée de terre, il existe un lobby pro-serbe assez influent. Entre 1995 et 1997, le commandant Hervé Gourmelon, officier de liaison de l'armée française, rencontre à plusieurs reprises secrètement Rodovan Karadzic. Lorsque les Américains finissent par savoir que de tels contacts existent, ils annulent des opérations en cours avec les Français, refusent de collaborer avec un allié jugé aussi peu fiable.

Jugé l'ensemble des troupes françaises, parce que certains officiers français conservent une certaine sympathie pour la Serbie, n'est-ce pas aller un peu vite en besogne ? Lorsque le commandement français est informé des relations secrètes de du commandant Gourmelon avec Karadzic, Chirac le fait rappeler en France. Mais il y a plus grave : Henri Bunel, chef du cabinet du représentant militaire français à l'Otan, est arrêté et accusé en 1998 d'avoir donné à des militaires serbes des informations sur les plans de frappes aériennes de l'Otan au Kosovo. Fin décembre 1997, le procureur du Tribunal pénal international de La Haye, Louise Arbour, accuse la France d'obstruction dans la traque des criminels de guerre serbes qui seraient « en sécurité absolue dans le secteur de Bosnie contrôlé par les troupes françaises ».[81]

Le général Philippe Rondot, conseiller pour le renseignement et les opérations spéciales auprès du nouveau ministre de la Défense, le socialiste Alain Richard, se saisit du dossier. S'appuyant sur des enquêtes poussées de la DRM, Rondot apprend que Karadzic aurait quitté la Bosnie en novembre 1997. Quant au général Mladic, il serait parti se réfugier en Serbie. Désirant redorer son blason, la DRM entend rapidement localiser d'autres criminels de guerre recherchés par la Tribunal pénal international de La Haye. Les Américains, les Britanniques, les Néerlandais, les Italiens ont déjà arrêtés plusieurs fugitifs. La DRM entend faire aussi bien au plus vite.

L'une des cibles potentielles de la DRM, Dragan Gagovic (né en 1960), est un ancien chef de la police de la ville de Foca. Il est accusé d'avoir installé des camps de prisonniers où la torture était courante et le viol massivement pratiqué sur les prisonnières musulmanes. Il clame son innocence, mais les preuves à son encontre deviennent accablantes. Vivant toujours paisiblement dans la région de Foka sans être inquiété, Gagovic, devenu professeur de karaté, est désormais sur ses gardes. Armé en

---

[81] Archives nationales, Paris.

permanence, il peut compter sur d'anciens complices pour disparaître dans la nature. Une équipe des forces spéciales françaises du 13e régiment de dragons parachutistes (RDP) et des gendarmes du GIGN le surveillent de près. Une balise est discrètement posée sur sa voiture, afin de pouvoir le suivre partout. Plutôt que de l'arrêter en pleine rue ou à son domicile, avec le risque de causer la mort de civils innocents, le 13e RDP et le 1er RPIMA comptent lui tendre une embuscade en pleine nature.

Le 9 janvier 1999, sur une route sinueuse de montagne, Gagovic rentre en voiture d'un tournoi de karaté. Une équipe du 13e RDP se cache dans les environs. Elle signale au passage de son véhicule, une Golf, que la cible n'est pas seule, mais accompagnée de cinq enfants âgés de onze et douze ans. Cette information capitale est-elle transmise à l'autre équipée chargée de l'arrêter ou de l'éliminer physiquement ? Les parachutistes d'élite du 1er RPIMA, qui se font passer pour de simples soldats tenant un barrage routier, ne reçoivent aucun contre-ordre à ce sujet. La Golf de Gagovic se rapproche du check-point en question. Faisant semblant de vouloir ralentir, Gagovic accélère subitement pour forcer le passage. Les parachutistes français ouvrent le feu, en visant principalement le conducteur. Une balle traverse le crâne de Gagovic, côté gauche, le tuant sur le coup. La voiture quitte la route neigeuse et se renverse sur le toit. Par miracle aucun des enfants présents n'est touché, bien que le véhicule compte 23 impacts de balles ! Les Américains sont rassurés sur la bonne volonté des Français d'en découdre avec les criminels de guerre. Washington estime même que « cet acte représente un avertissement pour tous ceux qui sont poursuivis pour crimes de guerre ».[82]

La crainte des embuscades fatales, tendues par les troupes alliées d'élite, se propage chez les fugitifs. Les Serbes craignent désormais en particulier les paras français. Lorsqu'en juillet 2002, les militaires français encerclent la maison du principal complice de Gagovic, Rodovan Stankovic, à Trebijina, dans le sud-est de la Bosnie-Herzégovine, ce dernier refuse de se rendre, craignant une exécution sommaire. Il faut faire venir son frère et sa mère pour le convaincre que les soldats français ne vont pas le tuer. Il exige même que sa mère monte avec lui dans l'hélicoptère français pour s'assurer qu'il ne sera pas abattu.

Radovan Karadzic est finalement arrêté en juillet 2008 par la police serbe, Ratko Mladic en mai 2011 par les mêmes services. Par contre, le général croate Ante Gotovina, poursuivi pour crimes de guerre, bénéficie d'étranges protections de la... France... Il est vrai que cette officier supérieur, aidé par la DGSE entre 1992 et 1995 pour chasser les Serbes de son territoire, est un témoin encombrant pour l'Élysée. Le général Rondot, chargé également de cette affaire, conseil à Gotovina de se cacher en lieu sûr. La DGSE et l'Élysée craignent en effet que sa capture ne mette en lumière les opérations du Service action menées à ses côtés. Il est finalement arrêté le 7 décembre 2005 dans les îles Canaries, où il s'était réfugié. Reconnu coupable de crimes contre l'humanité en avril 2011, le

---

[82] Archives nationales, Paris.

général Gotovina est condamné à 24 ans d'emprisonnement, mais il est acquitté en appel en novembre 2012, en démontrant « qu'il ne commandait pas toutes les milices croates, coupables de crimes, qu'il ne suivait pas tout en direct et qu'il avait même sauvé des Français à l'époque des faits ».[83] Il rentre en Croatie accueilli en véritable héros national, en tant que chef militaire qui a chassé les miliciens serbes de la mère patrie, avec l'aide précieuse de la France.

Il convient de souligner que certaines milices serbes et croates ne sont les uniques coupables des nombreux crimes contre les civils. Des milices islamistes, engagées dans ce conflit, ont également massacré des chrétiens en Bosnie-Herzégovine et ailleurs dans l'ex-Yougoslavie. Cela explique en partie l'attitude proserbe de certains militaires français.

---

[83] Archives nationales, Paris.

12

LES AFFAIRES DU TERRORISME ISLAMISTE

Depuis plus d'une vingtaine d'années, la France est la cible sur son territoire d'attentats terroristes islamistes. La DGSE, la DST (devenue DGSI), la Police nationale, la Gendarmerie, l'Armée sont directement impliquées dans la lutte contre des individus et des groupes qui assassinent au nom d'un fanatisme « religieux », mais également pour des raisons politiques, idéologiques, par haine de l'Occident en général. L'implication de l'armée française sur divers théâtres extérieurs, notamment en Afghanistan, en Libye, en Irak, au Mali et en Afrique, pousse les groupes terroristes islamistes ou des loups solitaires à porter la « guerre sainte » en France, en massacrant des civils.

Tout a cependant commencé à l'étranger. La dérive terroriste de l'intégrisme islamiste la plus achevée, la plus médiatique et la plus terrifiante, issue du courant salafiste de l'Afghanistan des années 1980, s'est incarnée en la figure d'Oussama Ben Laden et la création de son organisation connue sous le nom d'Al-Qaida.

Les camps d'entraînement d'Al-Qaida forment des milliers de guerriers islamistes à travers le monde, qui vont ensuite lutter en Afrique, en Tchétchénie, aux Philippines, en Indonésie, au Tadjikistan, au Yémen, au Kosovo, en Bosnie-Herzégovine, en Irak, en Europe, aux États-Unis et ailleurs. En février 1998, Ben Laden publie un rapport intitulé « Le Front Islamique mondial pour le djihad contre les juifs et les croisés », disant que c'est le devoir de tous les musulmans de tuer les citoyens américains, les juifs, qu'ils soient civils ou militaires, et leurs alliés partout dans le monde. Les Français sont donc menacés.

La liste des attentats attribués à Al-Qaida et les réseaux proches de sa mouvance est fort longue, on notera celui du 11 septembre 2001, lorsque quatre avions de ligne sont détournés. Deux sont lancés contre les tours jumelles du World Trade Center de New York et le troisième contre le Pentagone à Washington. Le quatrième appareil s'écrase en Pennsylvanie avant d'atteindre sa cible. On déplore plus de 3000 victimes. Le 11 mars 2004, 191 personnes sont tués et plus de 1500 blessés à bord de trains de banlieue de la capitale de Madrid, en Espagne, suite à des attentats à l'explosif. Le 7 juillet 2005, Londres est victime de plusieurs attentats : on dénombre de nombreux blessés. Le 14 septembre, Al-Qaida revendique onze attentats, dans la même journée, à Bagdad, pour venger les sunnites tués lors de la bataille de Tall Afar : on compte 150 morts et 230 blessés.

Diverses sources des services secrets français, britanniques et israéliens, parfois mieux renseignés sur le monde arabe que leurs homologues américains, estiment qu'Al-Qaida serait une mutuelle d'organisations indépendantes, perméables entre elles. Ce qui explique l'impression de nébuleuse.

Ben Laden, traqué depuis longtemps par les services secrets occidentaux et les forces spéciales de nombreux pays, tombe finalement sous les balles d'un commando américain, le 2 mai 2011, à Abbottabad, au Pakistan.

En 1992, le Front islamique du salut (FIS) remporte en Algérie le premier tour des élections législatives, mais le gouvernement annule ce résultat pour barrer la route aux intégristes. Le Groupe islamique armée (GIA) se lance dans la lutte armée, afin de renverser le gouvernement laïc et le remplacer par un état islamiste.

Le GIA est une organisation non centralisée et morcelée, ce qui la rend difficile à localiser mais facile à infiltrer. C'est également une organisation terroriste qui ne recule devant rien dans l'horreur pour arriver à ses fins. Elle est dirigée à l'époque par l'émir Abou Abd Ahmet, qui commande une dizaine de milliers de combattants fanatisés. Tout comme le FIS, le GIA se divise en deux clans, les salafistes qui cherchent à mettre en place une révolution islamiste mondiale et les djazaristes qui désirent prendre le pouvoir en Algérie. Le GIA est composé d'anciens volontaires algériens formés à la guérilla dans les maquis d'Afghanistan, d'autres qui ont combattu en Bosnie-Herzégovine, ainsi que de petits criminels de droit commun et de jeunes des banlieues défavorisées. Entre 1992 et 1998, le GIA détruit des villages entiers en Algérie, massacre des milliers de personnes, hommes, femmes et enfants.

L'objectif et les méthodes du GIA et de l'Armée islamique de salut (l'AIS), la branche armée du FIS, sont sensiblement identiques, bien que ces deux organisations concurrentes se combattent entre elles. L'AIS condamne à plusieurs reprises les actions trop violentes du GIA. Les responsables du FIS, partisans du dialogue avec le gouvernement algérien, sont condamnés à mort par le GIA. L'armée et la police algériennes mènent d'importantes opérations qui décapitent de nombreuses fois le GIA. Cette organisation terroriste est aujourd'hui largement marginalisée suite aux initiatives d'amnistie générale du président Bouteflika, ayant permis à de milliers de terroristes de retrouver une vie normale. L'armée algérienne affirme voir anéantie l'organisation.

En décembre 1994, un commando du GIA détourne un avion qui s'est envolé d'Alger pour Paris, avec pour dessin de le faire s'écraser sur la tour Eiffel. Le groupement d'intervention de la gendarmerie nationale (GIGN), unité d'élite de la gendarmerie française, parvient à prendre le contrôle de l'avion, en abattant les terroristes à l'aéroport de Marseille. En 1995, le GIA organise à Paris des attentats à la station Saint-Michel et à la station Maison-Blanche où une bombe explose dans une poubelle. En 1998, afin de prévenir d'éventuels attentats lors de la coupe du monde du football, une centaine de membres du GIA sont arrêtés en France. Le GIA se trouve également implanté en Belgique, en Grande-Bretagne, en Italie et en Suède.

Certains experts affirment que le GIA aurait été instrumentalisé par le régime algérien, pour ternir davantage l'image des milieux islamistes. Ainsi, le GIA aurait été infiltré par la sécurité militaire algérienne et manipulé par elle. Ces mêmes services militaires seraient directement responsables de l'escalade de la violence. Il a été évoqué que Djamel Zitouni, un des émirs du GIA, aurait été un agent de la sécurité militaire algérienne. L'objectif de l'attentat à la station Saint-Michel aurait été de faire participer davantage la France dans la lutte contre les islamistes, afin de couper le GIA de tout soutien à l'étranger. Certains spécialistes affirment que la mafia politico-financière et certains milieux corrompus de l'état algérien se seraient servis de la guérilla islamiste pour assassiner des intellectuels algériens, ayant dénoncé la corruption du pouvoir en place.

On en arrive à l'assassinat des moines catholiques de Tibhirine. Fondé à la fin du 19e siècle, le monastère trappiste de Tibhirine se trouve près de Médèa, à 90 kilomètres au sud d'Alger, dans une région montagneuse. D'abord domaine agricole, puis abbaye Notre-Dame de l'Atlas, la ferme et la terre sont nationalisées en 1976 par le gouvernement algérien, mais les moines conservent ce qu'ils peuvent cultiver.

« C'était une grande bâtisse un peu austère mais chaleureuse et accueillante, écrit Jean-Marie Rouart, construite en face d'un des plus beaux paysages du monde : les palmiers, les mandariniers, les rosiers se dessinaient devant les montagnes enneigées de l'Atlas. Des sources, une eau claire, irriguaient le potager. Il y avait aussi des oiseaux, des poules, des ânes, la vie. Des hommes avaient choisi de s'installer dans ce lieu loin de tout mais proche de l'essentiel, de la beauté, du ciel, des nuages. Ce n'étaient pas des hommes comme les autres : ils n'avaient besoin ni de confort, ni de télévision. Ce qui nous est nécessaire leur était inutile, et même encombrant. »[84]

Le 14 décembre 1993, douze ouvriers croates sont égorgés à quelques kilomètres du monastère. Les auteurs de ce massacre, probablement issus du GIA, ont séparé musulmans et chrétiens, pour ne tuer que ces derniers. Le 24 décembre, dans la nuit de Noël, un commando du GIA se présente, menaçant, à la porte du monastère. Le père Christian, qui parle arabe, obtient qu'ils déposent leurs armes. Sayeh Atyah, le chef des islamistes, exige que les moines versent de l'argent au GIA en signe de soutien. Le père Christian refuse catégoriquement. Atyah demande alors que le frère Luc, médecin installé à Tibhirine depuis cinquante ans, se rende immédiatement dans la montagne pour soigner des militants islamistes blessés. Le frère Luc se dit prêt à soigner quiconque se présentera, sans poser de questions, comme l'y autorise le serment d'Hippocrate. « Vous perturbez la fête du prince de la paix, la fête de Noël », ajoute le père Christian.[85] L'islamiste, impressionné par la sage sérénité de deux moines, se retire, en précisant qu'il enverra ses blessés, munis du mot de passe « Christian ».

Dans la nuit du 26 au 27 mars 1996, à 1 heure 30 du matin, une vingtaine d'islamistes se présentent et réclament

---

[84] Archives nationales, Paris.

[85] Archives nationales, Paris.

frère Luc. Devant le refus du gardien, ils pénètrent de force et se précipitent directement vers le bâtiment où dorment les moines. Après des tractations avec le père Christian, ils réveillent les six autres moines et les emmènent tous de force.

Les moines n'ayant pas été abattus immédiatement, les autorités françaises croient à la possibilité d'une libération rapide. L'armée algérienne recueille des renseignements mais rate le groupe d'extrême justesse, dans cette région de maquis. Les spécialistes algériens du renseignement estiment que les moines ont été conduits jusqu'à l'émir Zitouni.

Le gouvernement français décide de réagir. Les services français de renseignement tentent de localiser les moines. Philippe Rondot de la DST rencontre le général Smaïn Lamari, le chef de la Sécurité militaire algérienne. Ce dernier lui fait part de l'absence de tout résultat. Rondot se rend alors à l'ambassade de France à Alger, où il rencontre le chef d'antenne de la DGSE, les services secrets français. Le lieutenant-colonel de ce service assure que deux moines – les plus âgés – auraient été relâchés sur la route de Bône. La DGSE a d'ailleurs transmis une note confidentielle à ce sujet à Jacques Chirac, en plein sommet antiterroriste à Charm-el-Cheikh, en Égypte. Rondot retourne voir le général Lamari, qui dément. Dès le début la DST et la DGSE semblent se livrer une lutte sournoise pour la mainmise de cette affaire.

Le 18 avril 1996, Djamel Zitouni revendique l'enlèvement des moines dans le communiqué n°43 du GIA. Il assure le président Chirac qu'ils sont toujours vivants, mais il réclame la libération d'Abdelhak Layada, détenu en Algérie pour une série d'attentats à la bombe, et termine son message par cette phrase terrible : « Si vous libérez, nous libérerons ; si vous refusez, nous égorgerons. »[86]

Le 30 avril, un certain Abdullah se présente à l'ambassade de France à Alger, porteur d'une cassette audio sur laquelle on entend la voix des moines, ainsi que d'un texte signé de leurs mains. Le messager est mis en contact avec le représentant de la DGSE. L'entretien dure une heure et demie. Un système de contacts téléphoniques est mis en place, de telle sorte que le GIA puisse rappeler. Avant d'être raccompagné dans le centre d'Alger avec la voiture blindée de l'ambassade, le messager reçoit un récépissé à en-tête de l'ambassade de France : « Aujourd'hui, le 30 avril 1996, à midi, nous avons reçu votre messager, qui nous a remis votre lettre accompagnée d'une cassette. Nous souhaitons maintenir contact avec vous. »[87]

Puis, plus de nouvelle. Du coup, la rumeur enfle : des contacts parallèles auraient été noués grâce aux bons offices de Jean-Charles Marchiani, alors préfet du Var. Le 9 mai, un communiqué du Quai d'Orsay tombe pour démentir toute « tractation » entre la France et le GIA, et, au passage, assure que Marchiani n'a jamais joué les intermédiaires dans ce dossier. Le Vatican est tenu à l'écart par la France,

---

[86] Archives nationales, Paris.

[87] Archives nationales, Paris.

et lors de son voyage surprise en Tunisie, le 14 avril, le pape Jean-Paul II lance des messages et noue des contacts au sujet des moines.

Ayant atteint ses objectifs (narguer le gouvernement algérien, envenimer ses relations avec la France et faire parler de lui), le GIA n'a plus besoin des moines. Le 21 mai, le communiqué n°44 du GIA annonce : « Nous avons tranché la gorge des sept moines, conformément à nos promesses. Que Dieu soit loué, ceci s'est passé ce matin. »[88] Le gouvernement algérien se refuse à confirmer l'information. Ce n'est que neuf jours plus tard qu'il annonce la découverte des corps, en fait uniquement les têtes des moines, retrouvées près de Médéa. Les têtes reposent sur un fond de satin blanc et sont chacune accompagnées d'une rose. Après les obsèques à la cathédrale d'Alger, les moines sont enterrés, conformément à leur désir, au monastère de Tibhirine. Ce massacre suscite une très forte émotion en France. Il cause la mort politique de Zitouni, dont le radicalisme est même condamné par certains de ses compagnons de guerre.

Les sept moines assassinés sont Dom Christian de Chergé, prieur de la communauté depuis 1984, 59 ans, moine depuis 1969, en Algérie depuis 1971 ; le frère Luc Dochier, 82 ans, moine depuis 1941, en Algérie depuis 1947, médecin, il a exercé durant la Seconde Guerre mondiale, avant de prendre la place d'un père de famille nombreuse en partance pour un camp de prisonniers en

---

[88] Archives nationales, Paris.

Allemagne, présent cinquante ans à Tibhirine, il a soigné tout le monde gratuitement, sans distinction, déjà en juillet 1959, il avait été enlevé par des membres du FLN (Front de libération nationale) ; le père Christophe Lebreton, âgé de 45 ans, moine depuis 1974, en Algérie depuis 1987 ; le frère Michel Fleury, 52 ans, moine depuis 1981, en Algérie depuis 1981, cuisinier de la communauté ; le père Bruno Lemarchand, 66 ans, moine depuis 1981, en Algérie et au Maroc depuis 1990 ; le père Célestin Ringeard, 62 ans, moine depuis 1983, en Algérie depuis 1957, son service militaire fait en Algérie le marqua pour le reste de sa vie, car notamment, en tant qu'infirmier, il soigna un maquisard algérien que l'armée française voulait achever ; le frère Paul Favre-Miville, 57 ans, moine depuis 1984, en Algérie depuis 1989, il était chargé du système d'irrigation du potager du monastère.

Qui a enlevé les moines ? Un commando du GIA ou de faux terroristes travaillant pour le compte de la Sécurité militaire algérienne (SMA) ? Des allégations extrêmement précises ont été avancées par d'anciens membres de l'armée algérienne et de la Sécurité militaire, mettant en cause le rôle direct de responsables de la SMA dans la manipulation du GIA et dans l'enlèvement des moines, afin de faire basculer l'opinion publique française en faveur du pouvoir algérien. Le doute demeure…

En dehors du GIA, le Groupe salafiste pour la prédication et le combat (GSPC) fait parler de lui. Fondé en 1998 par Hassan Hattab, en dissidence du GIA, qu'il jugeait trop sanguinaire, le GSPC serait composé de 300 à 600 personnes, situées dans l'est, le centre et le sud de l'Algérie.

Il se démarque du GIA en élargissant la lutte au niveau international, dont les autres cibles sont la France et la Mauritanie. Le groupe est soupçonné d'avoir préparé un attentat contre la cathédrale Notre-Dame de Strasbourg et son marché de Noël en décembre 2000. L'un des fondateur du GSPC, Ahmed Zarabib a été tué le 17 janvier 2006 lors d'un affrontement contre l'armée algérienne. Dans une déclaration vidéo, diffusée le 11 septembre 2006, le numéro deux d'Al-Qaida, Aymand Al-Zawahiri, annonce que le GPSC a fait allégeance à Al-Qaida. Il renouvelle la déclaration d'Oussama Ben Laden en faisant du GPSC le bras armé d'Al-Qaida pour frapper la France. Depuis octobre 2006, le GPSC, qui souhaitait établir une base arrière au nord du Mali, s'oppose aux Touaregs de l'Alliance démocratique.

Si l'on s'en tient aux statistiques récents réalisées ces dix dernières années, près de 15% des musulmans de France sont pratiquants. Chiffre qui monte à près de 33% lors du jeûne du ramadan. Parmi ces pratiquants, guère plus de 7 à 10% se réclament d'un des courants islamistes existant dans notre pays. On note cependant ses dernières années un accroissement spectaculaire de jeunes français musulmans, quittant la France pour combattre en Syrie et en Irak dans les rangs des islamistes radicaux. Mais il ne faut pas oublier qu'un nombre nettement plus important de jeunes français, issus de l'immigration, servent dans les rangs de l'armée française, dans la Police nationale etc... Beaucoup se font tuer pour la France en luttant contre le terrorisme islamiste.

Antoine Sfeir, écrivain, politologue et journaliste français d'origine libanaise, chrétien maronite, directeur de la rédaction des *Cahiers de l'Orient*, revue d'études et de réflexions sur le monde arabo-musulman, président du Centre d'études et de réflexion sur le Proche-Orient, consultant pour diverses émissions radios ou télévisées sur les questions de l'islam et du monde arabe, se veut rassurant, sans être naïf :

« La plupart des musulmans ne sont pas islamistes, c'est-à-dire ne veulent en aucun cas islamiser l'environnement dans lequel ils vivent. Pour certains d'entre eux, les pays occidentaux, malgré leurs inégalités socio-économiques, restent une chance de libération ou de promotion intellectuelle. Non par rapport à l'islam, mais en regard des traditions et des pratiques de leur pays d'origine.

« Tous les islamistes ne sont pas terroristes. Bien plus, la plupart des islamistes ne sont pas violents. Sont-ils pour autant moins dangereux ? L'arrivée d'islamistes dans un endroit « chaud », sensible, rassure généralement les pouvoirs publics et les riverains, dans la mesure où leur présence contribue à y apporter plus de calme et de tranquillité. Pourtant, les conceptions qu'ils prônent rejettent catégoriquement toute idée d'intégration, car elles créent des barrières infranchissables entre les musulmans en Occident et les autres membres de la société.

« Il faut préciser que les premières victimes des islamistes sont les musulmans eux-mêmes. Ce sont eux, en effet, qui subissent la censure, la rumeur et toutes les contraintes que les islamistes peuvent leur faire subir en les désignant comme de « mauvais musulmans ».

« Il faut savoir raison garder : plus de 90% des musulmans de France sont intégrés. L'intégration républicaine est toujours en marche, même si elle a connu quelques accrocs, car c'était la première fois que la République laïque avait à intégrer non pas une religion - ce n'est pas sa vocation -, mais une civilisation et une culture qui n'avaient rien à voir avec le tronc commun des intégrations précédentes, italienne, polonaise, et d'autres pays d'Europe. Il a fallu un temps d'adaptation, de reconnaissance, de formation. »[89]

Les récents attentats, ayant frappé la France depuis 2012, ont mis en lumière la présence de jeunes musulmans, issus souvent de l'immigration mais pas toujours, devenir des terroristes en puissance.

La DGSE, la Direction générale de la sécurité intérieure (DGSI), la Police nationale, la Gendarmerie, l'Armée et d'autres services complémentaires engagent une lutte sans merci contre le terrorisme islamiste. La DGSI, qui dépend du ministère de l'Intérieur, est née en 2014 de la DCRI, elle-même issue de la fusion en 2008 de la Direction de la sécurité du territoire (DST) et des Renseignements généraux (RG). Elle est chargée « de rechercher, de centraliser et d'exploiter le renseignement intéressant la sécurité nationale où les intérêts fondamentaux de la Nation », avec en priorité actuellement la lutte contre le terrorisme sur le territoire français. Elle a également des

---

[89] Antoine Sfeir, L'islam en 50 clés, éditions Bayard 2006.

missions de police judiciaire. Elle compte plus de 3100 personnes.

En mars 2012, à Montauban et Toulouse, Mohammed Merah, terroriste se revendiquant d'Al-Qaïda, abat au pistolet automatique trois militaires français, dont deux de confession musulmane, et quatre civils, dont trois enfants d'une école juive. Retranché dans son appartement, Merat est tué le 22 mars 2012 lors d'un assaut donné par les policiers du RAID. Quatre policiers sont blessés lors de cette intervention et 2 civils lors des assassinats précédents commis par le tueur.

Les attentats de janvier 2015 sont une série d'attaques terroristes islamistes qui se sont déroulés en Ile-de-France, dont Paris, visant notamment la rédaction du journal *Charlie Hebdo*, des policiers et des clients d'une supérette cacher, au cours desquelles 17 personnes ont été tués et les 3 assassins abattus par les forces de l'ordre du RAID et de la BRI. On déplore également 22 blessés. Les attentats sont revendiqués par Al-Qaïda.

L'attentat de Saint-Quentin-de-Favier, dans l'Isère, est une attaque terroriste islamiste perpétuée par Yassin Salhi le 26 juin 1915, dans une usine de production de gaz industriel. Le bilan est d'un mort par décapitation et de deux blessés par l'explosion. Salhi est arrêté sur place. Il se suicide en prison le soir du 22 décembre 2015.

Les attentats du 13 novembre 2015, revendiqués par l'organisation terroriste islamiste Daech, sont une série de fusillades et d'attaques suicides, perpétuées dans la soirée à Paris et dans sa périphérie par plusieurs commandos distincts. Le bilan officiel des victimes fait état de 130 morts et de 413 blessés hospitalisés, dont 99 en situation d'urgence absolue. Ces attentats sont les plus meurtriers perpétués en France depuis la Seconde Guerre mondiale et les deuxièmes en Europe, après les 191 morts des attentats de Madrid du 11 mars 2004.

Les attentats islamistes du 22 mars 2016 à Bruxelles et ses environs causent la mort de 32 personnes et en blessent 340 autres. Trois des terroristes meurent en sautant avec leurs explosifs. L'enquête de la police démontre que la même cellule terroriste islamiste franco-belge, constituée au départ autour d'Abdelhamid Abaaoud, a préparé, cordonné et commis les attentats de Paris le 13 novembre 2015 et ceux Bruxelles le 22 mars 2016.

La DGSE, la DGSI, la Police nationale et la Gendarmerie ont déjoué ses dernières années de nombreux attentats islamistes en France, dont une dizaine depuis un an, comme celui ciblant la base militaire de Port Vendres, où trois djihadistes voulaient filmer la décapitation d'un haut gradé ou celui en octobre 2015 contre des militaires de la base de Toulon. D'autres sont restés plus confidentiels. Ainsi un document national de la DGSI révèle que « le 16 mars 2016, quatre jeunes femmes, dont trois mineures ont été interpellées à Roubaix, Lyon et Brie-Comte-Robert, alors qu'elles avaient le projet d'attaquer une salle de concert, deux cafés et un centre commercial à Paris. Ce coup de filet a lieu huit jours avant que la DGSI interpelle Reda Kriket à Boulogne-Billancourt et découvre à Argenteuil une cache remplie d'armes de guerre et d'explosifs susceptibles de perpétuer une attaque au nom de

Daech. Les 15 et 16 décembre 2015, la DGSI arrêtait Rodrigue D. et Karim K., deux terroristes en puissance qui projetaient de s'attaquer à des militaires et des policiers orléanais, ainsi que d'abattre le préfet du Loiret et d'attaquer une centrale nucléaire. Au même moment, la DGSI appréhendait à Tours Issa Khassiev, un Russe d'origine Tchétchène, susceptible d'avoir rejoint la Syrie en 2013, et qui envisageait de réaliser un attentat en France avant de regagner la zone syro-irakienne pour y mourir en martyr ».[90]

Outre le cas d'un radicalisé en prison projetant d'assassiner une député parisienne en octobre 2015, le document en question évoque aussi l'arrestation, à Fontenay-sous-Bois, de Salim et Ahmed M., deux frères « velléitaires pour le djihad syrien qui voulaient s'en prendre à des militaires, des policiers et des juifs ». Ces succès de l'autorité ne peuvent faire oublier les attentats de janvier et de novembre 2015, qui révèlent que « les terroristes ne relèvent plus d'aucune logique nationale ni dans leur profil ou leur recrutement, ni dans leur mode opératoire et la conception de leurs attaques. Les commandos ne se sont effectivement rendus sur le territoire français que la veille des attaques, un délai peut-être trop bref pour être repérés par les seuls services français. Cette tactique a si bien fonctionné parce ce que les terroristes ont

---

[90] Document de la DGSI.

encore accru leur mobilité par une bien plus grande furtivité que par le passé ».[91]

Le directeur général de la DGSE, Bernard Bajolet, l'a concédé devant une commission : « La difficulté à laquelle nous nous heurtons est que ces terroristes sont rompus à la clandestinité et font une utilisation très prudente, très parcimonieuse, des moyens de communication : les téléphones ne sont utilisés qu'une seule fois, les communications sont cryptées et nous ne pouvons pas toujours les décoder. Pour connaître leurs projets, il faut avoir des sources humaines directement en contact avec ces terroristes. Or ces réseaux sont très cloisonnés, ils peuvent recevoir des instructions de caractère général, mais avoir ensuite une certaine autonomie dans la mise en œuvre de la mission qui leur est confiée. »[92]

Une commission française d'enquête parlementaire dévoile que « l'explosion des communications électroniques, le développement du darknet, la mise à portée de tous de moyens de communication bénéficiant de puissants chiffrements, telle que l'application de messagerie Telegram, rendent les terroristes plus furtifs aux yeux des services de renseignements et leur imposent d'opérer des sauts capacitaires réguliers ».[93]

---

[91] Document de la DGSI.

[92] Document de la DGSE.

[93] Entretiens de l'auteur avec Jacques Vuillecard en janvier 2004.

Il y a une douzaine d'années, Jacques Vuillecard, ancien résistant et agent de la DST, me déclarait : « Nos services surveillent en permanence la radicalisation islamiste de jeunes beurs et français « de souche » dans les banlieues et ailleurs. Nos services transmettent en permanence des rapports précis et détaillés à nos politiques qui, par démagogie et pleutrerie, préfèrent les ignorer au nom du politiquement correct. Le réveil sera brutal. La France, d'ici dix ans, sera frappée par de sanglants attentats terroristes. Les civils seront les cibles principales. »[94]

Plusieurs des terroristes islamistes, fichés comme potentiellement dangereux, étaient connus des services français de renseignement. Or rien n'a été fait pour les surveiller en permanence, voir les arrêter de manière préventive. L'éclatement et la multiplication des services français, appelés à lutter contre le terrorisme, sont l'une des causes principales des échecs et des failles dans la prévention des attentats, l'intervention préventive etc... Il manque un organe de centralisation pour éviter la dispersion, voir plus grave les rivalités. Ces services dépendent en effet de ministères différents. Cela n'empêche pas ces mêmes services d'avoir empêché tout de même environ 90% des attentats en France. Mince consolation pour les familles des victimes... Mais il n'existe aucun état dans le monde capable d'éviter tous les actes terroristes sur son territoire.

---

[94] Entretiens de l'auteur avec un haut fonctionnaire du RAID en septembre 2014.

Un haut fonctionnaire du RAID m'explique : « Le gouvernement refuse parfois d'agir avant le drame, alors que les informations fournies dans les temps laissent prévoir le pire. Le tueur potentiel se balade ainsi en toute liberté et souvent disparaît dans la nature, avant de passer ensuite à l'action ! Depuis les récents attentats terroristes, le gouvernement semble réagir plus promptement et avec justesse, mais il y a encore beaucoup à faire.. Il aura fallu hélas de nombreuses victimes ! »[95]

---

[95] Entretiens de l'auteur avec un haut fonctionnaire du RAID en septembre 2014.

13

LE RETOUR DES ESPIONS RUSSES : POUTINE ET SES AFFAIRES

Depuis quelques années on assiste au retour massif de l'espionnage russe en Occident et particulièrement en France. À l'origine de ces affaires secrètes, semblant nous replonger aux pires moments de la guerre froide, s'affirme la volonté de puissance d'un chef d'état, en la personne de Vladimir Poutine, dont il convient de présenter l'étonnante ascension politique.

Né le 7 octobre 1952 à Léningrad (aujourd'hui Saint-Pétersbourg), au sein d'une modeste famille de la classe ouvrière, Vladimir Poutine pratique dès sa jeunesse la lutte russe et le judo, suit des études de droit à l'université. En 1982, il rencontre Louidmila Alexandrovna Chlrebneva, une jeune hôtesse de l'air, qu'il épouse l'année suivante. Le couple, qui divorcera en 2013, a deux filles, Maria née en 1985 et Ekaterina, née en 1986 à Dresde. Poutine, alors encore marié, aurait entretenu une relation avec la jeune gymnaste Alina Kabaeva et l'aurait aidée à se faire élire au parlement d'état en 2007.

D'après son propre témoigne, Poutine se serait présenté dès l'âge de 16 ans au KGB pour se faire embaucher, en vain. C'est seulement après une formation sommaire, qu'il entre au service territorial du KGB pour la ville de Léningrad, où il sert durant plusieurs années comme subalterne, ensuite comme officier opérationnel dans le service local de contre-espionnage. Il lutte en particulier contre les dissidents du régime soviétique. Promu au grade de commandant, il est envoyé en 1984 à l'Institut Andropov du KGB à Moscou, pour devenir un espion à l'étranger. En 1985, il se trouve en mission à Dresde, en Allemagne de l'Est, officiellement comme employé consulaire, en fait pour recruter des agents en tant que major des services secrets soviétiques. Il contraint notamment un professeur allemand de médecine à lui donner une étude sur des poisons mortels. Dans le contexte de la réunification allemande, il est rappelé en Russie en février 1990. On lui reprocherait également de recruter par imprudence des agents allemands dont la couverture serait grillée. De toute manière, suite au démantèlement des antennes du KGB en Allemagne de l'Est, le lieutenant-colonel Poutine se retrouve à Léningrad pour y prendre un poste dans la direction locale du KGB, sous la couverture d'une activité de conseiller aux affaires internationales du recteur de l'Université.

En 1991, Poutine accepte de travailler au cabinet du maire de Léningrad, Anatoli Sobtchak, son ancien professeur de la faculté de Droit. De 1992 à 1996, il devient l'une des personnalités les plus influentes de la politique municipale. En juillet 1998, il est nommé directeur du Service fédéral de la sécurité, et occupe en parallèle un poste de secrétaire du Conseil de sécurité de la Russie. En 1999, il devient le second personnage de l'État, en tant que président du gouvernement, puis en mars 2000, il est élu président de la Fédération de Russie dès le premier tour de l'élection présidentielle anticipée, avec 52,2% des suffrages. En 2004, il est réélu à la tête de la Russie avec 71,22% des suffrages.

Dans cette fulgurante ascension au pouvoir, Vladimir Poutine entend restaurer la puissance russe dans le monde, fortement affaiblie par l'écroulement de l'Empire soviétique et la fin du Pacte de Varsovie. Il reprend en main l'administration intérieure, après la période trouble et le laisser-aller qui ont prévalu sous Boris Eltsine. Sa politique intérieure autoritaire satisfait une grande partie de la population, laissée des scandales politiques et financiers précédents. Poutine n'a de cesse de renforcer le poids des service de renseignements, ainsi que ceux de la police et de l'armée. Outre l'instauration d'une plus grande stabilité politique, divers dirigeants occidentaux apprécient le fait qu'il ait favorisé une économie renouant avec la croissance, favorable aux échanges commerciaux et propices aux grands contrats.

Poutine lutte contre la mafia et les fraudes fiscales des oligarques industriels et financiers. Plusieurs de ses oligarques mafieux sont mis au pas ou poursuivis par la justice. Cependant, certains d'entre eux, favorables à Poutine, semblent jouir d'une totale impunité.

Finalement, si la Russie s'est relevée économiquement, Poutine n'est pas parvenu à éradiquer complétement la corruption au sein de l'appareil étatique. D'autre part, l'évincement de plusieurs oligarques des médias a renforcé le contrôle de l'état sur l'information de masse. Sous les présidences directes ou indirectes de Poutine de 2000 à nos jours, la croissance industrielle a augmenté de 75% et les investissements de 125%. Dans le domaine social, il a entrepris de nombreuses réformes favorables aux plus défavorisés, sans augmenter l'âge de la retraite.

La politique étrangère de Poutine est fondée sur la volonté de puissance, afin de parler d'égal à égal avec les États-Unis et les autres grandes puissances mondiales. La fin de l'Empire soviétique est pour Poutine un drame national, de même que le l'éclatement du Pacte de Varsovie, dont les anciens états membres comme la Tchécoslovaquie, la Pologne, la Hongrie, la Roumanie, la Bulgarie se sont tournés vers l'Otan. L'intervention de l'Otan en ex-Yougoslavie a été ressentie comme une agression par le pouvoir russe, provoquant une augmentation importante des dépenses militaires. Les attentats terroristes islamistes en Russie, dont à Moscou et ailleurs dans le monde, ont cependant renforcé pour un temps les rapports cordiaux entre Poutine et l'Occident. Son soutien affiché à son homologue américain dans la guerre contre le fanatisme « religieux » a établi un climat d'une certaine cordialité, permettant à la Russie de revenir en force sur la scène internationale, notamment lors du conflit actuel en Syrie et en Irak. Cependant, la crise ukrainienne, l'annexion de la Crimée et la montée en puissance de l'armée russe replongent l'Europe dans un climat rappelant celui de la Guerre froide, même si la situation est différente par de nombreux aspects. La Russie de Poutine n'a pas la puissance militaire de l'URSS de jadis, mais de nouveau les espions russes agissent en nombre en Occident, particulièrement en France. Les agents secrets de Poutine – faux diplomates, pseudo-journalistes, taupes en tous genres et barbouzes – cherchent à recruter dans les entreprises, à l'Assemblée nationale et même jusqu'à l'Élysée : véritable bataille de l'ombre.

Le colonel Iliouchine, agent d'un des services russes d'espionnage (GRU), se présente à Paris comme diplomate, attaché de l'air adjoint à l'ambassade de Russie. Il tente d'approcher le cercle intime de François Hollande, président de la République française, avec pour mission d'installer une taupe au cœur du pouvoir français. Les contre-espions français de la DCRI suivent ses faits et gestes durant des mois. Ne restant jamais à son bureau d'ambassade, cet homme dynamique, à peine âgé d'une trentaine d'années, fréquente tous les colloques sensibles, à l'École militaire, à l'Institut d'armement et à la Fondation pour la recherche stratégique. Il approche des officiers français supérieurs, des chercheurs et des journalistes spécialisés, découvre les qualités et les faiblesses des uns et des autres. Il les invite à déjeuner tous les quinze jours, comme c'est la règle dans les services secrets russes. Autour d'une bonne table, il leur livre des informations « inédites » sur l'armée russe ou les relations militaires entre Paris et Moscou.

« Au début, écrit Vincent Jauvert, il ne demandait rien en contrepartie. Au contraire. Pour les tenir un peu plus, il offrait une « amorce » : un stylo Montblanc ou une bouteille de whisky de grande marque – premiers cadeaux standards de l'ex-KGB, suffisamment chers pour être un peu compromettants, pas assez pour être considérés comme de la corruption. Puis il observait la réaction. Si l'une des cibles prenait le stylo ou la bouteille, c'est qu'elle était mûre pour la phase 2 : le recrutement. »[96]

Iliouchine demande ensuite des renseignements, d'abord anodins puis de moins en moins. En échange, il propose des petits articles déjà écrits, éléments d'une campagne de désinformation conçue à Moscou. Puis viennent des cadeaux plus substantiels, comme un voyage en famille dans un paradis ensoleillé. Si l'interlocuteur accepte, celui-ci entre dans le monde étrange et fascinant de l'espionnage. Iliouchine passe alors à la phase 3, l'utilisation de son nouvel agent, avec des rencontres clandestines et des liasses de billets.

Avec un journaliste pouvant fournir des informations sur la vie intime de Hollande et de son entourage, l'approche est allée jusqu'à la phase 2. Mais lorsque le journaliste en question se rend compte qu'il risque de devenir un espion de la Russie, activité passible de plusieurs années d'emprisonnement, il se rend à la DCRI (Direction centrale du Renseignement intérieur, devenue en 2014 Direction générale de la Sécurité intérieure). Là, il raconte tout à l'équipe du H4 (nom de code du service chargé de la Russie). Il se rend compte alors que l'équipe en question connaît déjà l'essentiel !

---

[96] Vincent Jauvert, Révélations sur les espions russes en France, *Le Nouvel Observateur* du 24 juillet 2014, n°2594.

Après plusieurs mises en garde, le colonel Iliouchine est contraint par les autorités français de rejoindre Moscou, où il est promu général. L'histoire de cet espion n'est que la partie extérieure de l'iceberg.

L'agent P. L. de la DGSI m'affirme que « les espions russes sont de plus en plus nombreux en France et deux fois plus actifs que durant la guerre froide. Tous les intéresse : les secrets intimes des politiques pour ensuite les faire chanter, les intentions de la France à l'Otan, à l'Onu et dans l'Union européenne, les secrets commerciaux d'Areva ou les prouesses technologiques de Thales, les nouvelles armes françaises devant entrer en service, la qualité du personnel militaire français, le déroulement des opérations de l'armée française sur les théâtres extérieurs etc... La crise ukrainienne les rend plus zélés qu'auparavant. Depuis 2014, nous sommes en état de vigilance maximum. À contrario, les Russes craignent énormément nos services d'espionnage et de contre-espionnage. Ils n'ont pas oublié l'incroyable victoire de la DST française durant les années 1980, qui a largement causé l'effondrement de l'Empire soviétique. On a expliqué au personnel du Quai d'Orsay et des forces armées qu'en cas d'invitation à déjeuner à l'ambassade de Russie, boulevard Lannes à Paris, il convenait de nous rapporter les questions posées et de ne pas prendre d'autres rendez-vous sans en référer la hiérarchie. Certaines personnalités du monde politique ont été rappelées à l'ordre, dont plusieurs parlementaires, approchés par des officiers russes du renseignement. L'agent Vladimir F., espion du SVR russe, équivalent de notre DGSE, était spécialement à Paris pour infiltrer certains de nos politiques, particulièrement les bavards... Il a été contraint lui aussi de retourner à Moscou... Parmi les députés et les sénateurs, les agents du SVR recrutent non seulement des informateurs, mais également des agents d'influence. Certains parlementaires français deviennent ainsi des « idiots utiles » de la Russie.

« Les entreprises français sont évidemment des cibles prioritaires des espions russes. Déjà, durant les années 1960, le KGB avait volé les plan du Concorde, l'avion franco-britannique. Les Soviétiques s'en servirent pour construire un Tupolev TU-144 supersonique. Les deux appareils se ressemblent tellement que l'avion soviétique est rapidement surnommé « Concordski ». Ce n'est que trente ans plus tard, en 1992, que la DST a pu identifier les ingénieurs français ayant livré les plans du Concorde.

« Plus inquiétant, comme pour le terrorisme islamiste, de nombreux agents dormants attendent le moment propice pour passer à l'action. On estime au total que plus d'une centaine d'espions russes agissent en France, protégés par l'immunité diplomatique, une quarantaine travaillent pour le SVR, une dizaine dépendent des militaires du GRU. Les autres sont rattachés au FSB, l'équivalent français de la DGSI. Il y a également une vingtaine d'espions qui agissent en électron libre pour la Russie. Certains espions russes et autres taupes, implantés en France, dépendent du réseau de la ravissante amazone Anna Chapman, expulsée des États-Unis en juin 2010, mais toujours active, semble-t-il, depuis Moscou. »[97]

---

[97] Entretiens de l'auteur avec l'agent P. L. de la DGSI, en mai 2016.

Née à Volgograd en 1982, Anna Chapman de son nom de femme mariée, est la fille du colonel Kouchtchenko, un officier du KGB. Après avoir vécu de 2001 à 2006 en Grande-Bretagne, elle s'installe à New York. Après son divorce avec un Américain, elle rejoint un réseau de neuf espions russes, tout en posant comme mannequin dans des tenues osées : bas nylons et escarpins... L'espionne la plus sexy de ces dernières années est désormais une star en Russie. Membre de la section jeunesse du parti de Vladimir Poutine, elle affirme ne rien regretter de ses actions en Occident : « Je suis patriote », dit-elle sans complexe.[98]

Pratiquant les arts martiaux, le tir au pistolet automatique, cette amazone à la chevelure rousse est parvenue à récolter le maximum d'informations sensibles sur l'économie et l'industrie américaines. Avec son visage de femme fatale et sa silhouette de mannequin, elle se faisait embaucher par des entreprises pour soutirer aux dirigeants rivaux des petits secrets. Petits et gros secrets qu'elle transmettait ensuite à son pays, sous le couvert de travailler pour des boites américaines...

« Elle a été démasquée le 27 juin 2010 dans un café, à New York, par un homme qui s'est fait passer pour un de ses collègues de la Loubianka (le siège du KGB à Moscou) et lui a demandé de transmettre de faux passeports à un autre membre du réseau, raconte Roman Gubert. La jeune femme a accepté et, dans la foulée, a appelé Moscou pour vérifier qu'elle devait bien accepter la mission. Manque de

---

[98] Archives nationales, Paris.

chance, la scène était filmée et son téléphone était sur écoute. Son parcours de James Bond girl a fasciné les Américains autant que les Russes. Sur le site officiel du FBI, on trouve encore les vidéos de surveillance qui l'ont confondue. »[99]

En France, les expulsions d'espions russes se font souvent dans la discrétion, de même que l'emprisonnement des taupes travaillant pour eux. La dernière affaire mise sur la place publique par les autorités remonte à 1992. À l'époque, Francis Temperville, ingénieur au CEA, avait été arrêté alors qu'il livrait des documents top secrets sur les essais nucléaires français. En 1997, il a été condamné à neuf ans de prison pour trahison. Depuis, le silence est d'or pour la raison suivante : « Comment expliquer à l'opinion publique française, me raconte l'agent P. L., que les espions russes sont menaçants et, en même temps, qu'ils travaillent avec nous contre le terrorisme islamiste. »[100]

En effet, depuis plusieurs années, la DGSI collabore étroitement avec son homologue russe, le FSB, contre le terrorisme islamiste. Mais l'agent P. L. ajoute à ce sujet : « Nous préférons observer les espions russes, apprendre ce qu'ils cherchent, plutôt que de donner trop rapidement un coup de pied dans la fourmilière. Depuis l'annexion de la Crimée par les Russes, les relations diplomatiques entre nos deux pays se sont réduites. Mais depuis que l'aviation

---

[99] Roman Gubert, L'espionne qui venait du chaud, *Le Point* du 17 et 24 décembre 2015, n°2258-2259.

[100] Entretiens de l'auteur avec l'agent P. L. de la DGSI, en mai 2016.

militaire soviétique et l'armée de l'air françaises sont intervenues en Syrie et en Irak contre un adversaire commun, Poutine et Hollande ont renoué le dialogue. L'intérêt d'une grande puissance comme la Russie pour la France démontre que nous sommes encore un grand pays. »[101]

En effet, la puissance économique, militaire et industrielle de la France demeure suffisamment crédible pour expliquer l'importance des espions russes sur l'Hexagone, et cela malgré le masochisme national ambiant...

---

[101] Entretiens de l'auteur avec l'agent P. L. de la DGSI, en mai 2016.

CONCLUSION

Dès l'Antiquité, l'espionnage est pratiqué à haute dose chez les Romains et les Grecs. Au Moyen Age, Bertrand du Guesclin espionne l'adversaire anglais, avant de mener des raids commandos avant la lettre. La Renaissance est une période où les rois veulent tout savoir de leurs seigneurs et des pays rivaux. Il en va de même les siècles suivants. Napoléon utilise de nombreux espions dans tout l'Europe, dont certains sont devenus célèbres. La Grande Guerre de 1914-1918 est non seulement un conflit militaire mais également un lutte incessante de l'ombre, où espions et espionnes se surpassent pour tout connaître de l'adversaire. Hitler et son régime totalitaire montent de vastes organisations d'espionnage qui ne reculent devant rien pour réprimer massivement. Il en va de même de Staline et l'Union soviétique. Durant la Seconde Guerre mondiale, tous les pays engagés utilisent des services secrets qui jouent souvent un rôle capital sur le déroulement des opérations militaires. Les réseaux de résistance informent également les Alliés sur l'Occupant allemand, italien ou japonais. Les services d'espionnage et de contre-espionnage de l'Axe ripostent en multipliant les arrestations.

La suite est largement présentée dans cet ouvrage, portant non seulement sur les grandes affaires d'espionnage en Europe, mais également en Afrique et ailleurs, où la France tient une place prépondérante, démontrant ainsi qu'elle reste une grande puissance.

SOURCES PRINCIPALES

Archives et documents confidentiels consultés :

Archives nationales, Paris.

Archives de la Brigade criminelle, Paris.

Archives du Quai des Orfèvres, Paris.

Archives de la Police nationale, Paris.

Archives militaires françaises, Vincennes.

Archives de la DST.

Archives du SDECE.

Archives et documents de la DGSE.

Archives et document de la DGSI.

Archives et documents de la DRM.

Archives et documents du ministère de la Défense, Paris.

Archives et documents du ministère de l'Intérieur, Paris.

Entretiens avec les personnes suivantes :

Entretiens de l'auteur avec Constantin Melnik (SDECE) en avril 1992.

Entretiens de l'auteur avec le colonel Marcel Leroy-Finville (SDECE) en mai 1995.

Entretiens de l'auteur avec P. B. (SDECE) en mars 1995.

Entretiens de l'auteur avec Paul Zigmant (SDECE) en juin 1995.

Entretiens de l'auteur avec l'agent « Ingrid » (SDECE) en juin 2006.

Entretiens de l'auteur avec Bob Maloubier (SDECE) en avril 2006.

Entretiens de l'auteur avec Bob Denard (SDECE) en mai 2003.

Entretiens de l'auteur avec Jean-François Romans-Petit en juillet 2016.

Entretiens de l'auteur avec Alain Lormier (CEA) en avril 2015.

Entretiens de l'auteur avec Guy Benoit (Awacs) en juin 2016.

Entretiens de l'auteur avec Pierre Messmer (ministre des Armées) en septembre 2003.

Entretiens de l'auteur avec l'amiral Pierre Lacoste (DGSE) en avril 2012.

Entretiens de l'auteur avec Jacques Vuillecard (DST) en janvier 2004.

Entretiens avec un haut fonctionnaire de la Police nationale (RAID) en septembre 2014.

Entretiens de l'auteur avec l'agent P. L. (DGSI) en mai 2016.

Principaux ouvrages et revues consultés :

Charles de Gaulle, *Mémoires d'espoir, le renouveau 1958-1962*, éditions Plon 1970.

Sous la direction de Roger Faligot et Jean Guisnel, *Histoire secrète de la Ve République*, éditions La Découverte/Poche 2011.

Jean Ferrandi, *Six cents jours avec Salan*, éditions Fayard 1969.

Roger Faligot, Jean Guisnel, Remi Kauffer, *Histoire politique des services secrets français, de la Seconde Guerre mondiale à nos jours*, éditions La Découverte/Poche 2015

Frédéric Ploquin dans *Marianne* hors-série octobre 2015, Le dernier mystère de la Ve République, L'affaire Ben Barka.

Patrick Pesnot, *Morts suspectes sous la Ve République*, éditions Nouveau Monde- poche 2011.

Vincent Nouzille, *Les tueurs de la République, assassinats et opérations spéciales des services secrets*, éditions Fayard 2015.

Patrick Pesnot, *Les dessous de la Françafrique*, éditions du Nouveau Monde-poche 2014.

Walter Bruyère-Ostells, *Dans l'ombre de Bob Denard, les mercenaires français de 1960 à 1989*, éditions Nouveau Monde-poche 2014.

Pierre Billaud, *La Véritable Histoire de la bombe H française*, éditions La Pensée universelle 1994.

Marcel Duval, À la recherche d'un « secret d'État », revue *Défense nationale*, août-septembre 2004.

Christine Ockrent, Le seigneur de l'ombre, *l'Express*, 8 juin 1995.

Raymond Nart et Jacky Debain, *L'affaire Farewell, vue de l'intérieur*, éditions Nouveau Monde-poche 2015.

Propos recueillis par Jean-Luc Douin, *Le Monde* du 18 mai 2010.

Antoine Sfeir, *L'islam en 50 clés*, éditions Bayard 2006.

Philippe Masson, *Histoire de l'armée française*, éditions Perrin 1999.

Vincent Jauvert, Révélations sur les espions russes en France, *Le Nouvel Observateur* du 24 juillet 2014, n°2594.

Roman Gubert, L'espionne qui venait du chaud, *Le Point* du 17 et 24 décembre 2015, n°2258-2259.

SIGLES, ABREVIATIONS ET EXPLICATIONS

DGSE : la Direction générale de la sécurité extérieure, dépendant du ministère de la Défense, est chargée de la protections des intérêts français et opère exclusivement à l'extérieur des frontières. Elle a succédé au Service de documentation extérieure et de contre-espionnage (**SDECE**) depuis 1982. Elle compte 5161 agents (chiffre de 2015), y compris la branche paramilitaire du Section action (**SA**).

DRM : la Direction du renseignement militaire, qui relève du chef d'état-major des armées, est spécialisée dans le renseignement militaire. Elle compte 1322 membres.

DPSD : la Direction de la protection et de la Sécurité de la Défense, qui dépend du ministère de la Défense, est chargée de la sécurité du personnel, des informations, du matériel et des installations sensibles de l'armée françaises. Elle compte 1100 agents.

DGSI : la Direction générale de la sécurité intérieure, qui dépend du ministère de l'Intérieur, est née en 2014 de la **DCRI** (Direction centrale du renseignement intérieur), elle-même issue de la fusion en 2008 de la **DST** (Direction de la sécurité du territoire) et des **RG** (Renseignements généraux). Elle est chargée de rechercher, de centraliser et d'exploiter le renseignement intéressant la sécurité nationale et les intérêts fondamentaux de la Nation, avec pour priorité actuellement la lutte contre le terrorisme sur le territoire français. Elle compte 3113 personnes.

DNRED : la Direction nationale du renseignement et des enquêtes douanières, dépendant du ministère de l'Économie et des Finances, lutte contre les grands trafics en démantelant les organisations criminelles qui se livrent à la contrebande de marchandises prohibées (stupéfiants, armes, tabacs, contrefaçons, espèces protégés). Elle cherche également à détecter et démanteler les réseaux de financement terroristes. Elle emploie 713 agents.

DRACFIN : la Direction du renseignement et de l'action contre les circuits financiers clandestins, dépendant du ministère de l'Économie, est chargée de la lutte contre les circuits financiers clandestins, le blanchiment de l'argent et le financement du terrorisme. Elle compte 104 personnes.

COS : le Commandement des opérations spéciales, placé sous les ordres du chef d'état-major des armées et sous l'autorité directe du président de la République française, rassemble l'ensemble des forces spéciales des différentes armées françaises (terre, air, marine). Les missions consistent à planifier, coordonner et conduire les actions menées par les unités des forces spéciales. Les effectifs actuels atteignent environ 4000 hommes (commandos, paras, fusiliers marins etc...).

GIGN : le Groupement d'intervention de la Gendarmerie nationale, placé sous la tutelle du ministère de l'Intérieur et du ministère de la Défense, aligne environ 420 personnes, entraînées et équipées pour accomplir des missions périlleuses, comme la libération d'otages, la mise hors de combat de groupes terroristes et de dangereux criminels, la protection de zone sensible et de personnalités importantes. Le GIGN intervient théoriquement en zone non urbaine.

RAID (Recherche, assistance, intervention, dissuasion) : le RAID est une unité d'élite de la police nationale spécialisée dans lutte contre le banditisme et le terrorisme en milieu urbain. Le service est basé à Bièvres, dans le département de l'Essonne, siège de l'unité centrale, et dispose également de sept antennes régionales **GIPN** (Groupements d'intervention de la police nationale), situées à Bordeaux, Lille, Lyon, Marseille, Nice, Rennes et Strasbourg. L'effectif total dépasse les 300 policiers d'élite. Le 19 avril 2016, le ministre de l'Intérieur Bernard Cazeneuve annonce la création de trois antennes régionales supplémentaires à Toulouse, Montpellier et Nancy. Le RAID peut également s'appuyer sur la Brigade de recherche et d'intervention (**BRI**) à Paris.

OUVRAGES DU MÊME AUTEUR

L'Italie en guerre 1915-1918. Éditions Ulysse 1986.

Les guerres de Mussolini. Éditions Jacques Grancher 1988.

Connaître les châteaux du Périgord. Éditions Sud-Ouest 1989.

La Résistance dans le Sud-Ouest (préface de Jacques Chaban-Delmas). Éditions Sud-Ouest 1989.

L'épopée du corps franc Pommiès. Éditions Jacques Grancher 1990.

Le Sud-Ouest mystérieux. Éditions Sud-Ouest 1990.

L'affaire Grandclément. Éditions Sud-Ouest 1991.

Le livre d'or de la Résistance dans le Sud-Ouest. Éditions Sud-Ouest 1991.

Bordeaux pendant l'occupation. Éditions Sud-Ouest 1992.

Les contes populaires de toutes les Pyrénées. Éditions Sud-Ouest 1992.

Les grands crimes du Sud-Ouest. Éditions Sud-Ouest 1993.

Les FFI au combat. Éditions Jacques Grancher 1994.

Souvenirs de la guerre 1939-1945. Éditions Sud-Ouest 1995.

La montagne de lumière (roman). Éditions Lucien Souny 1995.

Gabriele d'Annunzio en France 1910-1915. Éditions J/D 1997.

Mussolini. Éditions Chronique 1997.

Rommel. Éditions Chronique 1998.

La poche du Médoc 1944-1945. Éditions CMD 1998.

Jacques Chaban-Delmas. Éditions CMD 1998.

Bordeaux et Arcachon à la Belle Époque. Éditions CMD 1998.

Bordeaux brûle-t-il ? La libération de la Gironde 1940-1945. Éditions Les Dossiers d'Aquitaine 1998.

Biarritz à la Belle Époque. Éditions CMD 1998.

Les corridas de Bayonne. Éditions CMD 1999.

Bordeaux, la base sous-marine 1940-1944. Éditions CMD 1999.

Bernadette Soubirous. Éditions CMD 1999.

Les échassiers des Landes. Éditions CMD 1999.

Périgord, l'aventure de la Préhistoire. Éditions CMD 1999.

Périgord, histoire de la truffe. Éditions CMD 1999.

Histoire de la France militaire et résistante. Éditions du Rocher 2000.

Aquitaine, histoire de la Résistance. Éditions CMD 2000.

Limousin, histoire de la Résistance. Éditions CMD 2001.

Orthon le farfadet et autres histoires mystérieuses de l'Aquitaine. Éditions du Rocher 2001.

Jean-Pierre Schnetzler, itinéraire d'un bouddhiste occidental. Éditions Desclée de Brouwer 2001.

L'affaire Bentzmann 1939-1945. Éditions les Chemins de la Mémoire 2002.

La poche de Royan 1939-1945. Éditions les Chemins de la Mémoire 2002.

Les combats victorieux de la Résistance dans la libération 1944-1945. Éditions du Cherche Midi 2002.

Les voies de la sérénité, les grandes religions et l'harmonie intérieure. Éditions Philippe Lebaud 2002.

Regards chrétiens sur le bouddhisme, de la diabolisation aux convergences. Éditions Dervy 2002.

Histoires mystérieuses du Sud-Ouest. Éditions les Chemins de la Mémoire 2002.

La bataille des cadets de Saumur, juin 1940. Éditions les Chemins de la Mémoire 2002.

La libération du Sud-Ouest 1944-1945. Éditions les Chemins de la Mémoire 2003.

Le grand livre des fantômes. Éditions Trajectoire 2003.

Lama Namgyal , vie et enseignement d'un moine bouddhiste occidental. Éditions les Presses de la Renaissance 2003.

Arcachon : pages de son histoire. Éditions les Chemins de la Mémoire 2003.

Visite historique de Bayonne. Éditions les Chemins de la Mémoire 2003.

Visite historique de Biarritz. Éditions les Chemins de la Mémoire 2003.

Visite historique de Bordeaux. Éditions les Chemins de la Mémoire 2003.

Visite historique du Bassin d'Arcachon. Éditions les Chemins de la Mémoire 2003.

Les plages du débarquement. Éditions les Chemins de la Mémoire 2003.

La France combattante de la victoire 1944-1945. Éditions les Chemins de la Mémoire 2003.

La Poche de la Rochelle 1944-1945. Éditions les Chemins de la Mémoire 2003.

Rommel (biographie), la fin d'un mythe. Éditions du Cherche Midi 2003.

Les Chercheurs d'Absolu. Éditions du Félin 2003.

Lama Guendune, un grand maître tibétain en France. Éditions Oxus 2003.

Les vies antérieures, des preuves pour la réincarnation. Éditions du Félin 2004.

Histoire de la presse en France. Éditions de Vecchi 2004.

Les voies spirituelles du bonheur (yoga, bouddhisme, oraison, soufisme). Éditions inFolio 2005.

Les Jésuites. Éditions de Vecchi 2005.

Comme des lions, Le sacrifice héroïque de l'armée française en mai-juin 1940. Éditions Calmann Lévy 2005.

Les Templiers. Éditions de Vecchi 2005.

Les grandes affaires de la Résistance. Éditions Lucien Souny 2005.

La Réincarnation, histoires vraies. Éditions Trajectoire 2006.

Les Missionnaires. Éditions de Vecchi 2006.

C'est nous les Africains, l'épopée de l'armée française d'Afrique 1940-1945. Éditions Calmann Lévy 2006.

Histoires extraordinaires du bouddhisme tibétain. Éditions InFolio 2006.

Les grands ordres militaires et religieux. Éditions Trajectoire 2006.

Histoires extraordinaires de la Seconde Guerre mondiale. Éditions Lucien Souny 2006.

Jean Moulin. Éditions Infolio 2007.

La dérive intégriste. Éditions Acropole 2007.

La libération de la France. Éditions Lucien Souny 2007.

Lieux de pèlerinages et grandes processions. Éditions Trajectoire 2007.

Mers el-Kébir, juillet 1940. Éditions Calmann-Lévy 2007.

Lourdes la miraculeuse. Éditions Trajectoire 2008.

Les poches de l'Atlantique 1944-1945. Éditions Lucien Souny 2008.

Les 35 plus grandes affaires criminelles. Éditions Trajectoire 2008.

La guerre italo-grecque 1940-1941. Éditions Calmann-Lévy 2008.

Les victoires militaires françaises de la Seconde Guerre mondiale. Éditions Lucien Souny 2009.

La bataille de Bir Hakeim, une résistance héroïque. Éditions Calmann-Lévy 2009.

Convergences chrétiennes et bouddhistes. Éditions Oxus 2009.

Les grandes figures de la Résistance. Éditions Lucien Souny 2009.

Les mystères des manuscrits de la mer Morte. Éditions de Vecchi 2009.

Les mystères des prophéties. Éditions de Vecchi 2009.

Spectres, esprits et apparitions. Éditions de Vecchi 2009.

Le bouddhisme vu par la science. Éditions Oxus 2010.

La bataille de France jour après jour mai-juin 1940. Éditions Le Cherche Midi 2010.

Croyances et légendes populaires. Éditions de Vecchi 2010.

La bataille de Stonne, Ardennes 1940. Éditions Perrin 2010.

L'apport capital de la France dans la victoire des Alliés, 1914-1918 et 1939-1945. Éditions Le Cherche Midi 2011.

La bataille de Dunkerque 26 mai – 4 juin 1940. Éditions Tallandier 2011.

39-45 Les soldats oubliés, ceux dont l'Histoire ne parle plus. Éditions Jourdan 2012.

L'armée française pour les Nuls. Éditions First 2012.

Koenig, l'homme de Bir Hakeim. Éditions du Toucan 2012.

La libération de la France jour après jour 1944-1945. Éditions Le Cherche Midi 2012.

Histoire générale de la Résistance française. Éditions Lucien Souny 2012.

La Résistance. Éditions Gründ 2012.

La Gestapo et les Français. Éditions Pygmalion 2013.

Légendes et fadaises de la Seconde Guerre mondiale. Éditions Jourdan 2013.

Histoires extraordinaires de la Résistance française. Éditions Le Cherche Midi 2013.

La Résistance pour les nuls. Éditions First 2013.

Fiers de notre histoire. Éditions First 2013.

Les Crimes nazis lors de la Libération de la France 1944-1945. Éditions Le Cherche Midi 2014.

12 Trains qui ont changé l'Histoire. Éditions Pygmalion 2014.

La bravoure méconnue des soldats italiens 1914-1918 & 1939-1945. Éditions Altipresse 2014.

Gabriele d'Annunzio ou le roman de la Belle Époque. Éditions Le Rocher 2014.

Les opérations commandos de la Seconde Guerre mondiale. Nouveau Monde éditions 2014. Nouvelle éditions en Poche 2016.

Les grandes figures de la Résistance française. Éditions Sud-Ouest 2014.

Combats oubliés, résistants et soldats français dans les combats de la Libération 1944-1945. Éditions du Toucan-L'Artilleur 2014.

Éloge de l'armée française. Éditions Pierre de Taillac 2014.

La France s'est faite à coups d'épée, l'épopée des grandes batailles d'Hastings à la Libération. Éditions Armand Colin 2015.

Histoires extraordinaires de la guerre aérienne 1939-1945. Éditions JPO 2015.

Histoires incroyables et héroïques de la Résistance. Éditions JPO 2015.

Bordeaux sous l'Occupation. Geste éditions 2015.

Alain Juppé sans masque. Éditions First 2016.

Histoires extraordinaires de la Seconde Guerre mondiale. Éditions Le Cherche Midi 2016.

Histoires incroyables de la guerre 1939-1945. Métive éditions 2016.

Petite histoire du Pays basque. Geste éditions 2016.

La poche du Médoc 1944-1945. Geste éditions 2016.

La libération du Sud-Ouest. Geste éditions 2016.

Les grandes affaires d'espionnage de la Ve République. Éditions First 2016.

Histoire du Pays basque. Geste éditions 2016.

Le mythe du sauveur américain 1917-1918, essai sur une imposture historique. Éditions Pierre de Taillac 2017.

Jean-Claude Hubert, souvenirs de guerre d'un résistant, contre-espion et commando 1939-1945. Geste éditions 2017.

La Charente sous l'occupation. Geste éditions 2017.

Le Pays basque sous l'occupation. Geste éditions 2017.

Le Lot-et-Garonne sous l'occupation. Geste éditions 2017.

Les Landes sous l'occupation. Geste éditions 2017.

Les 100 000 collabos, le fichier interdit de la collaboration française. Éditions Le Cherche Midi 2017.

Ces chrétiens qui ont résisté à Hitler. Éditions Artège 2018.

SS français, récits, lettres et témoignages inédits de la SS Charlemagne. Éditions Jourdan 2018.

Nouvelles histoires extraordinaires de la Résistance, 16 récits inédits de héros qui ont sauvé la France. Éditions Alisio-Leduc 2018.

Les années interdites. Auteurs, journalistes et artistes dans la Collaboration. Éditions de l'Archipel 2018.

Les grandes affaires de la Libération 1944-1945. Éditions Alisio 2019.

Les vérités cachées de la Seconde Guerre mondiale. Éditions du Rocher 2019.

Histoires extraordinaires de miracles et d'apparitions. Enquêtes et récits sur l'invisible dans les traditions chrétiennes et bouddhistes. Éditions Leduc.s 2019.

Jésus l'universel, l'histoire d'un message spirituel. Éditions Alisio 2019.

L'imposture du sauveur américain 1917-1918 / 1941-1945. Éditions Le Retour aux sources 2020.

Albert Roche, premier soldat de France. Éditions Le Retour aux sources 2020.

Les victoires françaises de 1914 à nos jours. Éditions Le Retour aux sources *2020.*

Les grandes batailles de la Première Guerre mondiale. Éditions Le Retour aux sources 2020.

Le Retour aux Sources éditeur

ÉDITIONS LE RETOUR AUX SOURCES

HISTOIRE DE L'ARMÉE FRANÇAISE

des origines à nos jours

L'armée française a souvent occupé la première place en Occident

Certains de ses chefs militaires ont marqué le monde par leur génie tactique et stratégique

ÉDITIONS LE RETOUR AUX SOURCES

Histoires extraordinaires

de la

FRANCE MYSTÉRIEUSE

À travers ces histoires extraordinaires, c'est toute l'histoire d'un pays de tradition de liberté et de coutumes que cet ouvrage nous invite à revisiter

ÉDITIONS LE RETOUR AUX SOURCES

Histoires extraordinaires et mystérieuses de L'HUMANITÉ

Ces histoires ahurissantes et fantastiques, retracent les origines des grands mythes

ÉDITIONS
LE RETOUR AUX SOURCES
LES GRANDES BATAILLES
DE L'HISTOIRE DE FRANCE
d'Hastings à la Libération
1066-1945
« La France fut faite à coups d'épée »
Cette citation de Charles de Gaulle dit bien ce que
la France doit aux grandes batailles qu'elle a dû livrer pour construire ses frontières...

DOMINIQUE LORMIER
LE RETOUR AUX SOURCES
Albert Roche,
premier soldat de
FRANCE
L'incroyable histoire de l'engagé volontaire
qui captura à lui seul 1180 prisonniers !

Dominique Lormier
ÉDITIONS
LE RETOUR AUX SOURCES
L'imposture du sauveur
AMÉRICAIN
1917-1918 / 1941-1945
Un ouvrage passionnant qui balaye de nombreux clichés
et rétablit des vérités historiques méconnues

ÉDITIONS
LE RETOUR AUX SOURCES
MICHEL DRAC

PENSER LE RÉEL POUR SORTIR DU SYSTÈME

ÉDITIONS
LE RETOUR AUX SOURCES

PAUL DAUTRANS

LA DIXIÈME PORTE

SI VOUS TRAVAILLEZ EN ENTREPRISE, MÉFIEZ-VOUS DE CE LIVRE...

ÉDITIONS
LE RETOUR AUX SOURCES

MAURICE GENDRE & JEF CARNAC

LES NOUVELLES
SCANDALEUSES

LE MONDE DANS LEQUEL VOUS VIVEZ N'EST PAS LE MONDE QUE VOUS PERCEVEZ...